CRISE NAS ECONOMIAS SOCIALISTAS

SVEN RYDENFELT

CRISE NAS ECONOMIAS SOCIALISTAS

Tradução:
Jorge Enéas Fortes

Jorge Zahar Editor
Rio de Janeiro

Título original: *Bönder Mat Socialism*
(A Pattern for Failure — Socialist economies in crisis)

Tradução autorizada da primeira edição norte americana publicada em 1984 por Harcourt Brace Jovanovich, Publishers, de Orlando, Flórida, Estados Unidos da América

Jorge Zahar Editor Ltda.
rua México 31 sobreloja
20031 Rio de Janeiro, RJ

Produção editorial *Revisão*: Carlos Roberto de Carvalho, Lúcia Reis, Nair Dametto, Liliane Garz (tip.); *Diagramação*: Maurício Arruti; *Composição e Impressão*: Tavares e Tristão Gráfica e Editora de Livros Ltda.; *Arte-final de capa*: Antonio Sampaio

ISBN: 85-85061-85-5

A menos que possamos fazer dos fundamentos filosóficos de uma livre sociedade, mais uma vez, uma expressão intelectual viva, e de sua implementação, uma tarefa que desafie a engenhosidade e a imaginação de nossas mentes mais ativas, as expectativas de liberdade são, na verdade, sombrias. Mas, se pudermos recuperar a crença no poder das idéias, que foi a marca do liberalismo em sua melhor forma, a batalha não estará perdida. A ressurreição intelectual do liberalismo já está a caminho em muitas partes do mundo.

Friedrich A. Hayek, Prêmio Nobel, 1966

Sumário

Introdução

Em 1967, fiz as seguintes observações:

> Algum tempo atrás, minha esposa e eu passamos um ano pelo Leste Europeu, pelo Oriente Próximo e pelo Extremo Oriente. A cada país, ficávamos bastante impressionados com o profundo contraste entre os fatos, tal como se apresentavam a nós, e as idéias sobre os fatos, mantidas pelos intelectuais.
>
> Onde quer que encontrássemos qualquer grande parcela de liberdade individual, alguma beleza na vida normal do homem comum, alguma medida de real progresso nos confortos materiais à sua disposição, e uma esperança viva num progresso no futuro — lá também verificávamos que o mercado privado era o principal dispositivo que estava sendo usado para organizar a atividade econômica. Onde quer que o mercado privado tivesse sido grandemente suprimido e o estado tivesse tomado o controle, em detalhe, das atividades econômicas de seus cidadãos (isto é, onde reinasse o detalhado planejamento econômico central) — ali o homem comum estava em grilhões políticos, tinha um baixo padrão de vida, e estava grandemente privado de qualquer possibilidade de controlar seu próprio destino. O estado podia prosperar e realizar consideráveis trabalhos materiais. As classes privilegiadas podiam gozar de uma medida total de confortos materiais. Mas o homem comum era um instrumento para ser usado nos propósitos do estado, não recebendo mais do que o necessário para manter-se dócil e razoavelmente produtivo.
>
> Em contraste, os intelectuais, em toda a parte, aceitavam como verdadeiro que o capitalismo e o mercado eram

> organismos de exploração das massas, enquanto que o planejamento econômico central era a onda do futuro que iria colocar o país deles na estrada para o rápido progresso econômico. Não esquecerei tão cedo a censura que recebi de um proeminente, altamente bem-sucedido, e extremamente ilustrado industrial indiano, quando fiz observações que ele, corretamente, interpretou como crítica ao planejamento central detalhado da Índia. Ou as numerosas discussões com professores das universidades subsidiadas pelo governo da Índia, onde me disseram, repetidamente, que em um país tão pobre como a Índia era essencial para o governo controlar as importações, a produção doméstica e a distribuição de investimento, a fim de assegurar que dominassem as prioridades *sociais* e não a demanda de luxo no mercado. Muitas dessas discussões se realizaram em confortáveis casas de hóspedes das universidades, ou em salas ou vestíbulos relativamente luxuosos de seminários, bem abrigados dos casebres vizinhos onde vivia o povo comum. Uma até se realizou no magnífico Hotel Ashoka, em Nova Delhi, um exibicionismo construído pelo governo. Contudo, nem uma vez foi levantada qualquer questão sobre a conveniência das "prioridades sociais" ser refletida na distribuição dos fundos governamentais para essas amenidades. ("Mitos que mantêm o povo faminto", *Harper's,* abril 1967, pág. 16.)

As quase duas décadas, desde então, viram uma mudança clara na opinião intelectual, assim como se tornou cada vez mais difícil simplesmente ignorar os fatos. A opinião intelectual não é mais tão monolítica como então, ao encarar o planejamento central como rota para o progresso econômico. Contudo, ainda é conveniente dizer que muitos, senão a maioria, dos intelectuais se mantêm contrários ao mercado como um mecanismo alternativo e que continuam a aplicar um duplo padrão ao julgar os países. São relutantes em condenar países que professam ser "socialistas" ou estar promovendo prioridades sociais através de planejamento central atribuindo um fracasso após o outro à aplicação errada de políticas, em vez do defeito do "sistema". Em contraste, tendem a ver cada fraqueza nos países considerados como "capitalistas" como refletindo defeitos inerentes ao capitalismo e ao mercado, mesmo quando a fraqueza é um resultado direto da interferência do governo no mercado — tal como a fixação de preços.

O notável livro do Dr. Rydenfelt presta um imenso serviço ao reunir evidências detalhadas do desempenho de quinze países vastamente separados, nos quais o governo executa um papel dominante na organização da atividade econômica. Os países incluem oito nações comunistas — cinco do bloco soviético, mais a China, a Iugoslávia e o Vietnam — e sete outros variando da Índia e Sri Lanka, na Ásia, a Portugal, na Europa, Gana e Tanzânia, na África, e Cuba e Argentina, na América Latina.

Ninguém que leia o relato do Dr. Rydenfelt do curso dos acontecimentos nesses países pode deixar de reconhecer a uniformidade de sua experiência — isso é uma, e ao mesmo tempo a mais fascinante, característica do livro e a fonte de uma certa quantidade de repetição. À proporção que cada capítulo se desdobra, o leitor é tentado a dizer, "Já li isso antes."

Para cada país em particular, é difícil rejeitar um acontecimento especial — digamos um fracasso de colheita — como um acidente devido às condições meteorológicas ou a um erro evitável no planejamento. Mas, quando o mesmo cenário é repetido em quatorze países — e a única exceção real, Hungria, é um estado que, embora ostensivamente socialista, tenha usado o mercado, em vez do planejamento central para organizar a agricultura — é claro que algo mais que um acidente aconteceu.

O exemplo de pobres safras é dramático não apenas porque a desculpa típica do mau tempo é jocosa quando apresentada ano após ano e em país após país, mas também, e mais importante, porque o fracasso desses países — muitos dos quais eram grandes exportadores de produtos agrícolas antes de se tornarem socialistas — em produzir alimento suficiente para o seu povo, significou, literalmente, inanição para milhões e uma fome real e opressiva para números muito maiores. Mas a análise do Dr. Rydenfelt cobre muito mais que agricultura. Ele lida com a totalidade das atividades econômicas das nações que examina. O mesmo contraste entre "o sonho e a realidade", como ele se refere, mostra-se, freqüentemente, em área após área dentro de cada país e em país após país.

O levantamento detalhado de quinze países, que constitui a parte II do livro, é claramente a carne no sanduíche saboroso do Dr. Rydenfelt. Mas as Partes I e III são igualmente nutritivas. A primeira enfatiza o papel do indivíduo criativo como motor de progresso, como ilustrado pelos milagres americano, japonês e alemão — assim como pelo que veio a ser chamado de Grupo dos Quatro na Ásia Oriental: Hong Kong, Singapura, Taiwan e Coréia do Sul. Não foi por acidente, ele chama a atenção, que o crescimento econômico e a prosperidade floresceram precisamente nessas sociedades, nas quais o sistema político promoveu um grau suficiente de liberdade individual para libertar as energias e as ambições do empresário criativo.

Na Parte III, o Dr. Rydenfelt atribui a "crise" atual no Ocidente à progressiva restrição do empresário criativo pelo estado, como um resultado dos cada vez mais altos gastos governamentais e taxas, da propriedade e operação pelo governo de numerosas empresas e de uma regulamentação extensiva do governo nas empresas privadas no que for permitido existir. A maior esperança para o futuro, em seu ponto de vista, é uma reação pública cada vez maior contra a expansão do papel do governo — uma reação que pode novamente liberar as energias dos empresários criadores. O Dr. Rydenfelt é profundamente otimista em relação à abundância potencial que um tal desenvolvimento pode estimular.

Este livro altamente refletido, original e provocativo, merece um amplo público leitor.

MILTON FRIEDMAN
Stanford, Califórnia
janeiro, 1985

Prefácio

Duas novas filosofias — fortalecendo-se e fertilizando-se por cruzamento entre si — estão aumentando a circulação por todo mundo: a filosofia da liberdade e a filosofia do empresariado.

Filosofia da liberdade. Nos Estados Unidos, as novas idéias têm se manifestado como neoconservadorismo e neoliberalismo, movimentos que combatem por mais liberdade política e econômica (livre empresa e mercados livres), movimentos dirigidos não apenas contra o socialismo tradicional, mas, também, contra o semi-socialismo do bem-estar público. Na França, um movimento semelhante, a "nova filosofia", dirige seus ataques especialmente contra o marxismo.

Filosofia de empresariado. De acordo com as novas idéias, os empresários mantêm uma posição chave na sociedade. Somente poucos indivíduos são beneficiados como talentos empresariais, mas, para que esses poucos utilizem seus talentos, para criar e desenvolver empresas e produzir crescimento, riqueza e emprego — deve-se-lhes oferecer um ambiente econômico com incentivos adequados.

As novas idéias das filosofias de liberdade e empresariado são revolucionárias, no verdadeiro sentido da palavra, e irão, em todos os lugares, transformar fundamentalmente as sociedades em que trabalharem. Deve ser esperado que estas idéias, sob tais circunstâncias devam ser vistas como perigosas e chocantes, por todos os representantes de interesses investidos e defensores dos sistemas existentes. Seus poderes de penetração dão testemunho de que as idéias, todavia, foram capazes de se inserir nos campos de seus inimigos figadais, os conservadores e os socialistas, e afetar profundamente seu modo de pensar.

Nos Estados Unidos e na Grã Bretanha, por exemplo, as novas idéias dominam os atuais governos. A época está evidentemente madura para elas. Por quê? Apontamos algumas das causas:

A bancarrota do socialismo por todo o mundo é a causa principal. Em seus próprios campos, os fogos do socialismo estão morrendo; seus sonhos e visões, desaparecendo.

Idéias do bem-estar público, nos chamados estados de bem-estar, foram seriamente desacreditadas durante os recentes anos. Esses sistemas semi-socialistas têm se desenvolvido em dinossauros burocráticos que produzem cada vez menos serviços — a custos cada vez mais poibitivos — para os consumidores.

O valor dos empresários, durante os últimos e penosos anos de crise, passou a ser compreendido por cada vez mais pessoas. Por fim, os empresários estão sendo encarados como o único recurso a ser promovido e encorajado não pelo bem dos empresários mas para o benefício do povo que, desesperadamente, pede mais produção e mais emprego.

Políticos e economistas estabelecidos — como na década de 1930 — provaram ser doutores bastante impotentes, não sendo capazes de explicar a presente crise, nem prescrever curas eficientes contra ela. Soluções keynesianas, apesar das enormes doses e gigantescos custos, foram um fracasso total. Na atual confusão, as novas idéias são capazes, não apenas de explicar as raízes da presente crise, mas também de prescrever curas eficazes.

Depois de uma década de crise, quando, apesar dos remédios governamentais enormemente dispendiosos, ocorreu o desemprego em massa, desenvolveu-se um pessimismo geral. A crise foi vista como uma doença crônica, e o desemprego como o produto de mudanças estruturais fundamentais — um desemprego "técnico" destinado a aumentar continuamente. Os grupos no poder, responsáveis pela crise, estavam, naturalmente, ansiosos por promover a analogia: comportaram-se como médicos que, tendo falhado em curar o paciente, apressam-se a declarar a doença como crônica e sem solução. Na escuridão desse pessimismo, as novas idéias emergem como um farol de otimismo.

Aprendemos, com a moderna ciência da ecologia, sobre a nossa dependência ao ambiente físico e sobre os perigos que ameaçam poluí-lo e destruí-lo. Temos de aprender, também, que as pessoas são igualmente dependentes de seus ambientes social e econômico, e que desenvolverão todo seu potencial somente em ambientes favoráveis, com incentivos adequados. Dos estudos de criatividade, aprendemos que os indivíduos dispõem de forças criativas de diferentes espécies e que o homem nunca está tão satisfeito como quando lhe permitem desenvolver sua potencialidade criativa total. E, ainda mais, da dura experiência, aprendemos que potencialidades totais só são possíveis em ambientes de liberdade. Se, pela regulamentação e pela força negamos ao homem sua liberdade, matamos seu incentivo de criar e produzir, reduzimos a satisfação que ele tira de seu trabalho, e prejudicamos sua qualidade de vida.

Garantindo ao homem a liberdade e permitindo-lhe desenvolver suas potencialidades criativas, não apenas melhoramos a qualidade de sua vida, mas encorajamos, como um efeito secundário, uma maior produção. Quem quer que destrua o ambiente produtivo dos outros, envenena a fonte de onde ele mesmo deve beber.

Durante minha vida, ouvi e me beneficiei com muitos mestres. Ao produzir este livro, sinto-me especialmente em dívida com três deles: Milton e Rose Friedman, meus professores em filosofia da liberdade, e Israel Kirzner, meu mestre em filosofia do empresariado.

SVEN RYDENFELT
Universidade de Lund, Suécia, 1984

parte I

A Importância do Ambiente Empresarial

Já é, agora, bastante reconhecido que a teoria econômica padrão desenvolveu-se ao longo de linhas que virtualmente excluem o papel empresarial... Nossa discussão focalizou a atenção em um aspecto negligenciado da tomada de decisão econômica, a urgência de incentivos para a descoberta "empresarial" das oportunidades existentes para a ação econômica... Uma grande quantidade de trabalho está esperando para ser feita na economia do empresariado.

Israel M. Kirzner, 1980

CAPÍTULO 1

UMA TEORIA GERAL DE INCENTIVOS

> Cem homens que querem são mais fortes que cem mil que devem.
>
> *Arthur Schopenhauer*, 1819.

A revolução industrial – um milagre econômico

> Tanto o desenvolvimento agrícola como a industrialização se desenvolvem porque surgiu um certo ambiente que é condutor da criatividade humana. A verdadeira semente é a liberação das habilidades humanas. O capital inicial é humano e não material.
>
> *Ronald C. Nairn*, perito agrícola americano, 1979.

A revolução industrial, de acordo com a interpretação comum, começou na Inglaterra, no fim do século XVIII. Aprendemos, na escola, que foi trazida por esses fantásticos novos aparelhos como motor a vapor, máquinas de fiação e teares mecânicos, inventados e postos em uso cerca de 1770.

Este relato, contudo, é superficial e levanta questões. Por que essa inventividade e criatividade surgiram durante o século XVIII? Por que não no século XIII ou XVI? Por que não na França? Ou na Holanda? Ou na China? O economista e historiador sueco Eli F. Heckscher dá a seguinte resposta:

> A diferença não é devida ao fato da Inglaterra ter sido a pioneira industrial, já que a França tinha sido mais pioneira que a Inglaterra durante o século XVII. Nem foi devida — pelo menos principalmente — ao fato da Inglaterra ter minérios de carvão e ferro, uma vez que a revolução mais fundamental foi na indústria do algodão. Nenhuma simples libra de algodão cru era produzida na Inglaterra.
>
> Nem a causa foi um maior interesse nas técnicas industriais na Inglaterra que na França — antes o inverso era o verdadeiro. Na França, um rio de regulamentos estatais, com centenas de parágrafos legais eram expedidos para controlar os vários ramos da indústria, especialmente a têxtil; era uma corrente sem igual na Inglaterra. Toda uma hierarquia de funcionários civis foi criada na França para supervisionar a observação dos regulamentos. As corporações francesas eram engajadas na mesma tarefa, enquanto a Inglaterra mal possuía quaisquer funcionários civis designados para isso, ou, de fato, para qualquer outra obrigação. As penalidades francesas eram severas. As medidas contra a importação ilegal de chitas estampadas, por exemplo, podem ter custado 16.000 vidas; certamente o número dos que foram feitos escravos de galés por importação ilegal foi ainda maior que esse.
>
> E, assim, estas mesmas medidas impediram que o comércio e as indústrias francesas utilizassem qualquer quantidade de possibilidades que estavam começando a se apresentar. Em outras palavras, os regulamentos governamentais, na França, congelaram o estado de negócios existente. [1]

Durante o período pré-industrial, os empresários em artesanatos e comércio eram tão intimamente aliados com os grupos no poder — os reis e a nobreza — que podiam usar o aparelho de coerção do estado para garantir-lhes privilégios de várias espécies — monopólios, controles de estabelecimento, alfândegas e outros obstáculos à importação de bens competidores. Corporações e mercantilismo provaram ser contraproducentes — as indústrias foram paralisadas e o desenvolvimento, evitado.

A crítica a esses sistemas regulamentadores, durante o século XVIII — de Adam Smith e muitos outros —, aumentou, contudo, e, mesmo antes que as reformas fossem introduzidas, as práticas restritivas foram solapadas. Parece ter sido decisivo o fato de que a indústria manufatureira e suas fábricas foram inovações não atingidas pelos regulamentos que governavam os artesanatos e o comércio.

A manufatura foi, então, capaz de se desenvolver em uma espécie de terra-de-ninguém, um vácuo de regulamentos, o que significou uma liberdade quase ilimitada para os empresários. Repentinamente, abria-se um campo que criava o próprio ambiente ecológico em que a empresa privada podia se desenvolver e florescer. Assim ficou demonstrado que muitas pessoas têm talentos empresariais latentes que não podem se desenvolver até que encontrem o solo e o crima corretos.

Do fim do século XVIII até meados do XIX, a Inglaterra foi o cenário de uma explosão de empresa industrial, uma expansão econômica sem igual na história. Foi como se um dique tivesse sido aberto. A ausência de restrições e controles econômicos, em combinação com possibilidades de lucro ilimitadas, estimularam pessoas capazes e inventivas a estabelecer um contínuo fluxo de empresas.

A revolução industrial na Grã Bretanha permanece como o mais notável de todos os milagres econômicos. Uma nova era, a idade do industrialismo, havia nascido e seus pioneiros e líderes, os empresários, formavam a ampla frente de uma ofensiva que iria rolar através das fronteiras nacionais até que, por fim, tivesse conquistado o mundo.

A nova tecnologia dos motores a vapor e das máquinas têxteis não surgiu acidentalmente. Se há uma coisa em que os cientistas de hoje estão de acordo, é que o talento inventivo tem de gozar de liberdade, a fim de desenvolver suas possibilidades inatas. Durante o período da revolução industrial, os inventores podiam trabalhar em liberdade, e os livres empresários estavam prontos para comprar e usar as novas máquinas.

E, sem dúvida alguma, os inventores criaram coisas notáveis. Um trabalhador com uma máquina de fiação podia produzir tanto fio quanto duzentos trabalhadores manuais — apenas um exemplo do enorme aumento em produtividade tornado possível pelas novas técnicas. O desenvolvimento que começou pela indústria têxtil em breve se espraiou por outros ramos da indústria. Heckscher descreveu os miraculosos efeitos da revolução industrial na Inglaterra da seguinte maneira:

> Em 50 anos, de 1871 a 1833, o uso do algodão cru — e, portanto, a indústria do algodão — aumentou 48 vezes na Inglaterra. Durante o período subseqüente, de 1820

a 1913, este número aumentou "apenas" 29 vezes, mas a produção de ferro-gusa aumentou 48 vezes e a produção de carvão, 77 vezes.[2]

O historiador britânico e editor chefe do *The New Statesman*, Paul Johnson, escreveu:

> Antes do século XVIII, era raro, mesmo para as mais avançadas economias, as da Inglaterra e Holanda, conseguir um crescimento percentual em qualquer ano. Começando na década de 1780, a Inglaterra realizou uma taxa de crescimento anual de dois por cento, então sem precedentes. Pelo fim da década, a taxa de quatro por cento tinha sido obtida — taxa que deveria ser mantida pelos próximos 50 anos.
>
> Durante o século XIX, a Grã Bretanha aumentou a quantidade de sua força de trabalho de 400 por cento. Salários reais dobraram durante o período 1800-1850 e dobraram novamente de 1850 a 1890. Isso significava haver um aumento de 1600 por cento na produção e no consumo de bens durante o século. Nada semelhante a isso havia acontecido em nenhum lugar, anteriormente em toda a história.[3]

A revolução agrária – um milagre econômico

> O que uma sociedade realiza não depende de braços ou subsídios ou de fontes naturais físicas. Depende da cultura do povo e, acima de tudo, do sistema político.
>
> *P. T. Bauer*, economista britânico, 1980.

O ambiente e a motivação explicam, entre outras coisas, como as forças que tinham estado presas podem ser liberadas e como as forças criativas por trás da revolução industrial na Inglaterra foram soltas quando as antigas práticas restritivas da sociedade feudal, com suas corporações e mercantilismo, foram eliminadas. Na Suécia, como em todos os lugares, a revolução industrial foi precedida por uma revolução agrária, outra liberação de forças contidas, que converteu a antiga agricultura sueca, baixa produtora, em uma das mais eficientes do mundo. No princípio do século XIX, a Suécia era um país atrasado em um obscuro canto da Europa. De sua população, 90 por cento estava engajada na agricultura, uma distribuição ocupacional encontrada, hoje, somente nos países mais subdesenvolvidos. Várias décadas mais iriam passar antes que a maré da revolução industrial atingisse as praias da Suécia.

Entre 1760 e 1814, o antigo sistema agrícola coletivo inglês foi substituído por um outro que dava aos camponeses direitos de propriedade de suas terras. Esta revolução agrícola na Inglaterra foi chamada de movimento de cerco.

Na Suécia, a mesma revolução começou com sucessivas reformas de redistribuição de terra, abrindo caminho para um sistema de fazendas privadas, no princípio do século XIX. Essas reformas destruíram um sistema rígido de aldeias que tinha conservado os velhos métodos e tinha impedido mudança e desenvolvimento.

O velho sistema de aldeia, sob o qual trechos de terra amplamente espalhados tinham sido cultivados coletivamente, havia paralisado o campo sueco. Cada um, na aldeia, tinha sido forçado a seguir a vontade da maioria conservadora (a maioria é sempre conservadora) e adaptar-se aos antigos padrões, semeando e colhendo simultaneamente, de acordo com antiquados métodos testados. As reformas de terra destruíram o antigo sistema de aldeia e liberaram o fazendeiro individual, pondo, assim, um fim na antiga forma da agricultura coletiva. Novos caminhos na indústria, como em todas as outras formas da vida humana, foram sempre exaltados por indivíduos — pensadores e criadores que testavam novas técnicas e novas formas de produção. Quando o sistema coletivo foi eliminado, as pessoas, cujas forças criativas tinham sido constrangidas, podiam começar a experimentar novos métodos de cultivo. Quando os pioneiros foram bem-sucedidos, as massas conservadoras breve os seguiram, e os ventos da mudança começaram a soprar sobre o campo sueco. Antes das reformas redistribuicionais de terra, toda a terra não cultivada — pastos, florestas e assim por diante — pertenciam coletivamente aos aldeões. O sistema funcionava como uma barreira para tornar acessível uma nova terra, já que o grupo não estava querendo liberar terra de posse comum para cultivo por indivíduos. Um elemento dessa falta de vontade, para estar seguro, era o ciúme dos colegas e vizinhos mais enérgicos e capazes. Quando se realizou a reforma, cada camponês recebeu sua própria fazenda, como uma simples unidade, para cultivar como melhor lhe aprouvesse. A liberação dos laços coletivos significava uma liberação de potencialidades criativas, a força motriz atrás da revolução agrária.

Novos métodos de cultivo e a criação de novos e melhores animais e plantas eram importantes ingredientes da revolução. Outro era a extensa abertura de novas terras para o cultivo.

De acordo com os mais recentes cálculos, a terra cultivada na Suécia aumentou de cerca de 1.500.000 hectares em 1805 para 32.000.000 em 1865.[4]

Apesar da grandemente aumentada produção de alimentos ter conduzido a uma explosão de população, a ampliação da área de terra cultivada, durante esses sessenta anos foi de 113 por cento, enquanto que o aumento de população foi de apenas 70 por cento. Como uma ilustração da expansão da terra cultivada, só 15 por cento da área de Skane, província mais meridional da Suécia e seu celeiro, estavam sendo cultivados antes de 1805, enquanto que 50 por cento passaram a ser cultivados cerca de cem anos após.

No princípio da década de 1980, aproximadamente 3 a 4 por cento da força de trabalho total da Suécia que estava empregada na agricultura, produziam mais alimento do que se consumia dentro do pais, um feito que colocava os fazendeiros suecos, junto aos dos Estados Unidos, entre os mais produtivos do mundo.

O milagre econômico americano

> Um governo sábio e frugal, que deve impedir que os homens se prejudiquem uns aos outros; que, por outro lado, deve deixá-los livres para regular suas próprias buscas de indústria e aperfeiçoamento, e que não deve tirar da boca do trabalhador o pão que ele ganhou, isso soma o que deve ser um bom governo.
>
> *Thomas Jefferson*, primeiro discurso de posse, 1801.

As colônias inglesas na América ganharam sua independência nacional em 1783, e algo como uma Idade de Ouro se seguiu para os Estados Unidos, um período legendário de liberdade econômica e de economia de mercado. Em lugar nenhum da história é possível encontrar um período de tão ilimitada liberdade econômica e ótimo ambiente empresarial. Nesta nova nação não havia realeza, igreja estatal ou burocracia governamental — instituições tradicionais de opressão — e o povo, que havia fugido da opressão e da exploração na Europa, vigorosamente combateu qualquer tentativa de estabelecer semelhantes instituições no novo país.

A liberdade de grilhões econômicos deu às atividades empresariais tal força por um tão longo período, que ultrapassaram qualquer coisa previamente experimentada. A demanda por mão-de-obra tornou-se tão grande que as fontes domésticas foram insuficientes. Entre 1820 e 1970 — um século e meio —, cerca de 44 milhões de imigrantes encontraram um lar nacional, emprego e sustento nos Estados Unidos.

Os Estados Unidos, com uma população de apenas uma fração da da Inglaterra no princípio da guerra da independência em 1775, cresceram tão rapidamente que, pela metade do século XIX, haviam ultrapassado a mãe pátria em população e, antes do fim do século, também em prosperidade econômica. Depois da I Guerra Mundial, tornou-se evidente que os Estados Unidos haviam assumido a posição anterior da Inglaterra como a potência econômica e politicamente líder do mundo.

Durante os dois séculos entre 1775 e 1975, a população da França dobrou, enquanto que a da Suécia aumentou quatro vezes e a da Grã-Bretanha seis vezes. Durante o mesmo período, a dos Estados Unidos ampliou-se 68 vezes — uma explosão populacional sem precedentes na História.

O milagre desse desenvolvimento não é que uma alta taxa de nascimentos e uma imigração ilimitada tenham levado a uma explosão populacional, mas que a empresa privada, liberada de seus vínculos, pudesse criar empregos para todas essas pessoas, empregos que pagavam os mais altos salários no mundo.

Dou, aqui, ao milagre americano uma explanação empresarial e ecológica. Analistas anteriores atribuíram, muitas vezes, aos recursos naturais e circunstâncias materiais. Enfatizaram que, no princípio, havia acesso à terra virgem quase ilimitada, e que planícies sem fim estavam esperando pelo arado. Mas, durante esse tempo, enormes áreas apropriadas para o cultivo e para a agricultura existiam por todo o mundo, onde nenhuma expansão foi iniciada.

De acordo com outra explanação comum, as enormes propriedades de recursos naturais inexplorados — terra agrícola, florestas, minérios, carvão e óleo — tornaram possível este desenvolvimento. Um estudo sistemático dos países ricos e pobres, contudo, revela que a concepção materialista é inadequada para explicar a propriedade ou o subdesenvolvimento. Países pobres — Índia, Indonésia e China — podem realmente ser ricos em recursos naturais, enquanto alguns dos mais ricos países — Dinamarca, Holanda, Suíça, Nova Zelândia e Japão — podem ser qüase totalmente desprovidos de tàis recursos.

O milagre econômico japonês

> Os exemplos mais salientes de desenvolvimento econômico ocorreram precisamente quando não havia uma política para poupança crescente, mas quando havia um incentivo para o povo economizar e investir. Como um assunto descritivo, o desenvolvimento é um processo em que existem amplos incentivos para o indivíduo fazer algo para promover a produção no futuro, em vez de, simplesmente, consumir no presente.
>
> *Milton Friedman*, 1968.

Um dos milagres econômicos mais notáveis na história foi o lançado no Japão, em 1866, pela chamada restauração Meiji. Durante as duas ou três décadas seguintes, o Japão foi convertido de uma sociedade feudal atrasada e economicamente fraca em um estado moderno no modelo ocidental.

Tendo sofrido humilhações nas mãos de vários países europeus, os líderes da restauração no Japão verificaram que um desenvolvimento industrial, seguindo o padrão ocidental, era o único meio de evitar que qualquer das antigas potências mundiais incorporasse o Japão aos seus impérios. A mais rápida industrialização possível criaria uma base econômica suficientemente estável para apoiar fortes forças militares para a defesa.

Por meio de uma reforma agrária abrangente, os servos se tornaram camponesse livres e começaram a modernizar um sistema agrícola atrasado. Simultaneamente, outras reformas trouxeram a livre empresa e abriram os portões para uma revolução industrial do mesmo tipo da que se realizou cem anos antes na Inglaterra. A liberdade econômica criou o ambiente e o solo no qual os talentos empresariais latentes podiam germinar e desenvolver, e novas empresas surgiram como cogumelos depois da chuva.

Modernas forças militares foram organizadas e a vitória sobre a Rússia em 1905 confirmou o recentemente conquistado poder econômico e militar do país.

A derrota na II Guerra Mundial pôs um fim nos novos sonhos nacionalistas de vitórias e conquistas militares. As condições no Japão ao fim da guerra foram assim descritas pelo antigo embaixador americano no Japão, Edwin O. Reischauer:

> A guerra deixou o Japão uma terra completamente devastada e desmoralizada.
> ...Aproximadamente metade das casas urbanas do Japão tinham sido queimadas até ao chão pelos ataques aéreos americanos. A população de Tóquio tinha diminuído de mais da metade; a de Osaka, de quase dois terços. Com a destruição das cidades e o desaparecimento virtual da marinha mercante, que tinha mantido o fluxo do sangue vital econômico do Japão, a produção industrial tinha caído verticalmente, ficando, em 1946, com um mero sétimo do número de 1941. O povo se vestia de trapos, era mal alimentado e exausto, tanto física como emocionalmente.[5]

As forças de ocupação americanas extirparam cerca de 200.000 dos que tinham sido responsáveis pela política militar do tempo de guerra, paralisando, assim, a burocracia estatal e enfraquecendo as autoridades centrais. Como aderentes da liberdade econômica e de uma economia de mercado, os americanos procuraram, durante a ocupação, que durou até 1952, favorecer um sistema de livre empresa. Os japoneses foram aprendizes voluntariosos e continuaram a perseguir uma política econômica que encorporasse grande liberdade para a empresa privada. Os aumentos na produção entre 1955 e 1970 bem merecem ser chamados de milagre. Em 1955, o Japão estava em décimo terceiro em produto nacional bruto (PNB) entre os países industrializados do mundo. Em 1968, treze anos depois havia avançado para o segundo lugar entre os países industriais do Ocidente, imediatamente depois dos Estados Unidos. Apesar de revezes temporários, o progresso econômico japonês continuou, mesmo durante a "doente" década de 1970 e ainda está prosseguindo durante a década de 1980.

Desde a restauração Meiji, o governo japonês tem tido muito que fazer com a indústria, e a questão que tem sido muitas vezes apresentada é se a empresa japonesa tem, realmente, sido livre. Ao contrário da situação nos estados do bem-estar ocidentais, contudo, o governo japonês tem tentado facilitar o desenvolvimento, ajudando a empresa privada — não a prendendo nas camisas de força dos regulamentos estatais.

Sem o ambiente empresarial de uma espécie que tem estimulado a criatividade e a iniciativa dos japoneses, o milagre teria sido inexplicável. Dois economistas, Chiaki Nishiyama, de Tóquio, e G. C. Allen, de Londres, apresentaram a seguinte observação:

> Longe de possuir uma economia monolítica, com a burocracia controlando, o Japão oferece um soberbo exemplo do sistema de livre empresa. Seu sucesso é uma esplêndida justificação desse sistema.
>
> A empresa privada tem tido, provavelmente, mais alcance no Japão do que na maioria dos outros países, desde a guerra. O tamanho do setor público em relação à economia como um todo, é apenas cerca da metade do que o existente na maioria dos países ocidentais. Muitas das indústrias que, na Europa, estão usualmente na posse pública encontram-se no setor privado no Japão; isso se aplica à geração de eletricidade e às indústrias de aço.[6]

Até aqui, tenho dado ênfase à importância de oferecer aos empresários um ambiente que liberte e estimule sua potencialidade e sua iniciativa criadora. A mesma necessidade existe, naturalmente, entre todos os produtores, inclusive os empregados de uma firma; um ambiente que libere e estimule suas criatividade e iniciativa tem um tremendo efeito sobre sua produtividade.

O ambiente dos empregados é, sem dúvida, um dos pontos fracos da indústria ocidental. Um economista japonês, Masaki Imai, descreveu a situação da seguinte forma:

> Enquanto em muitos países ocidentais há um punhado de executivos diligentes, altamente competitivos e ambiciosos, há, também, um bom número de trabalhadores menos motivados, que constituem a maioria da classe trabalhadora. Lá, a distinção entre o gerente e o gerenciado é clara e não pode haver equívoco. O primeiro procura e espera motivar o último. No Japão, o gerente e o gerenciado são um e o mesmo.[7]

Os gerentes japoneses parecem estar muito mais conscientes da importância de criar ambientes que motivarão seus empregados, do que seus colegas no Ocidente. Os mais altos gerentes no Japão devotam a maior parte de seu tempo e energia ao trabalho de criar boas relações humanas dentro da companhia, delegando as tarefas econômicas e técnicas aos seus assistentes. Um dos maiores peritos japoneses neste assunto, Chie Nakane, caracteriza os gerentes japoneses com estas palavras:

> Alguns executivos americanos, visitando o Japão, expressaram surpresa de ver que tantos diretores japoneses eram incapazes de explicar os detalhes de sua própria empresa. Eles se apóiam animadamente em seus queridos subordinados de confiança para dirigir o negócio; de muito maior importância para eles é a manutenção de boas relações entre os homens, porque nisto eles acreditam que está a chave do sucesso do negócio.
>
> Há um alto grau de envolvimento pessoal entre o gerente e o empregado. É costume para o diretor ou chefe de departamento comparecer à cerimônia de casamento do empregado. Na verdade, um diretor passa um tempo considerável fora de seu escritório nessas ocasiões.
>
> Estou convencido de que na sociedade japonesa, pelo menos no presente, esse tipo de relações pessoais é a força motriz do grupo e traz maiores sucessos do que qualquer outro tipo de organização.[8]

Os gerentes japoneses compreendem que sua tarefa mais importante é ganhar a afeição e a amizade de seus empregados e que essas coisas não podem ser compradas com dinheiro, nem com salários, não importando a quantidade deles. A presença do empregado no lugar de trabalho e certos atos que ele executa podem ser comprados, mas seu entusiasmo, sua iniciativa e lealdade, seu desejo de fazer o melhor, não podem. E ainda mais, é impossível produzir essas atitudes por meio de ameaças ou pela força. Essas qualidades devem ser conquistadas e a diferença entre ganhar e forçar é, em um profundo sentido, a diferença entre democracia e ditadura.

Em meu livro sobre o Japão, analiso a base ambiental do milagre econômico japonês da seguinte maneira:

> O prazer de trabalhar é uma qualidade de vida, um dos maiores presentes que pode ser ofertado aos seres humanos em uma vida curta. Quem quer que ofereça esta

qualidade a um companheiro será ricamente recompensado, não apenas com um bom trabalho, mas também, com gratidão e amizade. Negar ao trabalhador a satisfação é pior que um crime. É estupidez, causando dano não só ao trabalhador, mas ao administrador também. Em nossa ignorância, acreditamos que a falta de satisfação no e entusiasmo pelo nosso trabalho está de acordo com a ordem natural.[9]

O milagre econômico alemão

> Não houve milagre. Foi a economia de mercado social, aplicada consistentemente, e nada mais, que rapidamente eliminou o caos no comércio e na indústria.
>
> *Ludwig Erhard*, Ministro da Fazenda alemão, 1953.

Um dos mais conspícuos milagres econômicos do século XX desenvolveu-se na Alemanha Ocidental, alguns anos após a II Guerra Mundial. Mesmo lá, foi possível ser criado um ambiente de liberdade econômica, um ambiente que liberou uma explosão de empresariado. Uma das causas foi o processo abrangente de desnazificação, a simples remoção do aparato burocrático. Os órgãos administrativos de controle central ficaram mais ou menos paralisados. A situação era, portanto, altamente favorável para um tal golpe, como foi realizado em junho de 1948, pelo depois Ministro da Fazenda Ludwig Erhard. Os controles de preços e o racionamento foram rescindidos com um golpe de pena, uma reforma da moeda foi efetuada e a "economia de mercado social" de Erhard foi estabelecida.

Os empresários da Alemanha Ocidental, anteriormente agrilhoados pelos regulamentos centrais, puderam se livrar de suas algemas e começar uma expansão tal como ninguém, na época, ousaria imaginar. Uma vez reconquistada sua liberdade, nada podia pará-los, nem as fábricas e instalações bombardeadas, nem o fato de que a maquinaria e o equipamento tinham sido confiscados pelas potências vencedoras. Uma indústria manufatureira, cujo volume de produção durante os primeiros seis meses de 1948 tinha sido de 50 por cento do de 1939, conseguiu 130 por cento desse volume de

1939, apenas três anos depois. E, apesar do fato de que 8 milhões de refugiados dirigiram-se para a Alemanha Ocidental entre 1945 e 1950, com mais a seguir depois, foi possível reduzir o desemprego de 10 por cento da força de trabalho em 1956 para 1 por cento em 1960, enquanto o número de trabalhadores aumentou de 14 para 21 milhões.

Durante a mesma década, a parte da Alemanha Ocidental nas exportações mundiais aumentou de 10 por cento para 25. Nesse período, a parte da Grã-Bretanha decresceu de 35 por cento para 24. Esta erupção de empresas produziu uma demanha de mão-de-obra tão urgente que a força doméstica, inclusive os refugiados, foi insuficiente para suprir. Pelo fim da década de 1950, então, uma corrente de trabalhadores começou a se dirigir para a Alemanha Ocidental, corrente que aumentou rapidamente durante a década de 1960. Em 1983, ainda existiam 4,5 milhões de trabalhadores estrangeiros, dos quais 1,6 milhões eram turcos.

O exemplo germânico demonstra dramaticamente a capacidade da empresa privada de criar novos e mais empregos quando é oferecido um ótimo ambiente empresarial. É um exemplo em que se deve ponderar durante a presente crise econômica.

Para colocar simplesmente, o ambiente foi alterado de tal modo que os talentos empresariais podiam ser liberados e ativados. Naturalmente, muitas explanações tradicionais apareceram. Uma delas declara que o confisco das máquinas industriais da Alemanha Ocidental pelos ingleses, franceses e russos, vitoriosos, obrigaram os alemães a preencher a lacuna com novas e modernas máquinas, enquanto, por muitos anos, os vitoriosos tiveram de se satisfazer com as antigas. O fato, porém, é que, faltando-lhes capital, os alemães tiveram, por muito tempo, de se haver com velhas máquinas, abandonadas pelos vitoriosos.

Semelhantemente, um enorme influxo de refugiados, após a guerra, trabalhadores adultos, educados, treinados, tem sido apontado como a injeção que disparou o milagre. Mas, seguramente, em qualquer outro país, um influxo de refugiados igual a 25 por cento da população original teria sido um encargo e não um ativo.

Finalmente, tem sido declarado que o auxílio do Plano Marshall dos Estados Unidos forneceu o capital que alimentou a expansão. O total da ajuda americana entre 1945 e 1953 somou $3,5 bilhões, dos quais aproximadamente a metade foi auxílio do Plano Marshall. Embora isso tenha sido uma assistência bem-vinda a uma nação devastada, é, na realidade, um número pequeno ao lado do investimento total feito depois do golpe de Erhard em 1949. A ajuda do Plano Marshall não explica o milagre.

E não deve ser esquecido que, até 1948, as análises em jornais, revistas, livros e relatórios prediziam um futuro econômico escuro para a Alemanha Ocidental. Nenhum perito declararia que o confisco da maquinaria ou o influxo de refugiados era outra coisa senão um terrível incômodo, tornando a recuperação infinitamente mais difícil. A opinião comum era que a Alemanha Ocidental continuaria a ser um peso para o resto da Europa, por todo o futuro previsível.

Fazendeiros, suprimentos de alimentos e incentivos

> As pessoas em questão aqui — os fazendeiros — são presumidas como gado estúpido de quem seus donos sofisticados das cidades podem tirar o leite. Mas não são tão estúpidas. Mais cedo ou mais tarde elas reagem produzindo menos.
>
> *Harry G. Johnson*, economista britânico, 1971.

Em todos os países pobres, os camponeses constituem 90 por cento da população. Mas estão espalhados em grandes áreas, e isto torna difícil para eles cooperar e defender-se contra a opressão e a exploração.

Somente, de fato, em países capitalistas é que os fazendeiros foram capazes de funcionar como empresários e apresentar os milagrosos volumes de produção de que são capazes. Nos Estados Unidos, por exemplo, somente 3 a 4 por cento da população estão engajados na agricultura, mas os fazendeiros americanos conseguem alimentar toda a população e produzir quantidades substanciais para exportação.

O economista britânico Michael Lipton declara que a causa básica da estagnação e pobreza em países subdesenvolvidos é, normalmente, encontrada na opressão e exploração governamental dos camponeses, por meio de política imposta para suprir a população urbana e industrial com alimento barato. Com poucas exceções, os regimes nesses países pobres seguem uma política socialista.[10]

Semelhantemente, o economista Theodore Schultz atribui a responsabilidade pela estagnação agrícola em países pobres aos controles de preços. Preços excessivamente baixos privaram os camponeses da renda e capital que lhes permitiria investir e modernizar, como os fazendeiros do Ocidente foram capazes de fazer.[11]

Nesses países, os líderes políticos estão, geralmente, tão interessados em desenvolver as indústrias manufatureiras que parecem ter esquecido que a agricultura é a indústria básica, a fundação sobre a qual toda a sociedade repousa. Em todos os países socialistas, a classe camponesa, um remanescente do capitalismo, é tratada como um grupo de fora, cuja única função é produzir alimento barato para os grupos de dentro, nas cidades; o status do fazendeiro nos estados socialistas, de fato, corresponde ao dos servos sob o feudalismo.

Muitos grandes países, que são agora socialistas, já produziram grandes excedentes de alimento para exportação; ironicamente, devem agora satisfazer cada vez mais suas necessidades com importações dos países capitalistas. Sua contínua dependência das importações demonstra quão rapidamente uma política agrícola de eliminação dos incentivos pode converter um mais em um menos, um excedente em um déficit, um celeiro em uma área de fome.

Todos os camponeses, mesmo iletrados nos mais atrasados países, compreendem perfeitamente que se eles maltratam ou submetem à fome seu gado, a produção será pobre. Por que os líderes educados dos países socialistas não compreendem que se eles maltratam e submetem à fome seus camponeses, a produção de alimentos irá sofrer?[12]

Com essas fraquezas econômicas, contudo, outro fracasso deve ser esperado. Os profetas do evangelho socialista sempre prometeram redimir o mundo da opressão e da exploração e festejar os mais e mais pobres membros da sociedade. Em todos os países socialistas, os camponeses constituem o grupo mais pobre e mais fraco. O estudo e a análise da agricultura e das políticas agrícolas em um grande número de países socialistas tornam claro que existe um abismo entre a teoria e a prática, entre a promessa e a execução. Os socialistas no poder têm, sistematicamente, favorecido os grupos fortes, os urbanos bem situados — trabalhadores industriais, polícia, soldados e burocratas, os sustentáculos políticos do regimen — enquanto, também sistematicamente, têm oprimido e expoliado os camponeses.

Superpopulação e inanição mundial

> O recente e rápido aumento de população em países menos desenvolvidos reflete uma violenta queda na mortalidade. Este desenvolvimento representa uma melhora substancial nas condições, uma vez que as pessoas valorizam uma vida mais longa.
>
> *P. T. Bauer*, economista britânico, 1981.

Se uma escassez de alimento se apresenta em um dado país, é natural concluir-se que a oferta de alimento daquele país é inadequada. Mas o problema pode ser visto de outra maneira: podia-se concluir que a população é muito grande. Essa última interpretação é a preferida pelos líderes políticos em muitos países com escassez de alimentos.

Para os que subscreveriam essa interpretação, a causa da escassez é a excessivamente alta taxa de natalidade — uma explosão populacional — e o remédio é o planejamento familiar. A responsabilidade pela escassez de alimentos é, assim, rápida e convenientemente atribuída às vítimas da deficiência.

Mesmo se o planejamento familiar for desejável, essa interpretação tem sido demasiadamente usada como uma saída pelos políticos. Nos países que mantêm incentivos de produção, os camponeses, de fato, se mostraram capazes de satisfazer as demandas de alimento, mesmo em países onde a densidade de população é alta — como é, por exemplo, na Holanda e em Taiwan.

Em uma edição especial do *Scientific American,* foi levantada a questão da produção mundial potencial de alimentos e fibras têxteis, e chegaram à conclusão de que é possível um volume doze vezes maior que o atualmente produzido. Verificou-se que a classe camponesa mundial, tendo incentivos favoráveis, seria capaz de alimentar e vestir 40 bilhões de pessoas — dez vezes a atual população do mundo. [13]

No debate popular sobre a ameaça de inanição nos 140 países subdesenvolvidos do mundo — onde a política socialista é, na maioria dos casos, seguida — aumentos indiscriminados de população são geralmente citados como causa. A conclusão é que o planejamento familiar é o remédio lógico. Uma ameaça muito maior, contudo, é uma política agrícola parasítica e sufocante.

Os países socialistas do mundo são, em regra, incapazes de alimentar seu próprio povo. Um sistema político-econômico com tal deficiência fundamental deve ser ineficiente e, a longo prazo, perigoso. [14]

A droga milagrosa do empréstimo

> As nações se afundam cada vez mais profundamente no imenso oceano da dívida. Débito público, inicialmente uma segurança para os governos..., quando se apresenta excessivo, muito provavelmente trará desastre.
>
> *Edmund Burke,* 1790.

Os políticos se deliciam em obter privilégios e subsídios para seus constituintes. Em troca, naturalmente, êles contam obter os votos dos privilegiados. A maior ansiedade dos políticos é que eles possam ser forçados a rejeitar os pedidos de seus constituintes por causa de recursos inadequados. Emprestando, esta rejeição pode ser poupada. Como uma droga milagrosa, prometendo resultados instantâneos, o empréstimo afasta a ansiedade e adia o problema para um futuro distante.

Mas aumentar as dívidas significa aumentar os encargos do serviço da dívida, encargos que podem, convenientemente, ser satisfeitos, por muitos anos, por meio de novos créditos. Uma continuamente aumentada proporção de novos empréstimos é consumida pelos juros dos antigos. A máquina do empréstimo requer cada vez mais combustível e uma condição para manter a máquina funcionando é obter novos empréstimos ainda maiores.

O empréstimo, especialmente o empréstimo estrangeiro, é como um poço de óleo — mais cedo ou mais tarde acaba secando. O potencial de crédito das nações, como o dos indivíduos privados, é limitado, e uma montanha de dívida acumulada está fadada a desmoronar.

Vimos as conseqüências do empréstimo estrangeiro em problemas de recentes anos. Em 1984, cerca de cinqüenta países chegaram ao fim da estrada do crédito e foram à bancarrota. Há, contudo, distinções fundamentais entre indivíduos em bancarrota e países em bancarrota. Enquanto as propriedades privadas de um indivíduo em bancarrota podem ser confiscadas pelos credores, nenhum correspondente confisco de ativos de um país em bancarrota pode ser feito.

A cada ano, cada vez mais países vão à bancarrota e, com poucas exceções, eles jamais pagarão suas dívidas aos outros países. Sem dúvida, muitos deles poderiam pagar, mas, uma vez que pagamentos significam severas privações, e, nenhum credor pode forçá-los a pagar, a maioria deles preferirá adiar os pagamentos para um futuro distante e nebuloso.

Com suas dívidas virtualmente proteladas, eles podem respirar mais facilmente, mas o pesado preço que devem pagar por seu fracasso como devedores é a expulsão dos mercados de crédito do mundo. Não importando a urgência de sua necessidade por mais capital, as portas dos credores estarão fechadas. Instituições tais como o Fundo Monetário Internacional (FMI) e o Banco Mundial muitas vezes concedem, obviamente, aos países em bancarrota novos créditos. De fato, esses créditos são mais ajudas que empréstimos.

Países que tomam empréstimos vivem muito além de seus meios. Usam — e abusam — de créditos estrangeiros como viciados usam narcóticos, e o hábito traz, apenas, um paraíso de louco. Mais cedo ou mais tarde as doses pararão e severas dores da paralisação se seguirão. Tanto a produção como o consumo em tais países se tornarão adaptados a um contínuo suprimento líquido de capital do estrangeiro, suprimento que permitiu grandes excedentes de importação. Quando o fluxo de capital estrangeiro pára, só pode haver drásticas reduções no volume de importação — no fluxo de combustíveis, matérias primas, máquinas e sobressalentes para a indústria. Seguem-se reações em cadeia com severas conseqüências.

As bancarrotas dos recentes anos significaram perdas gigantescas para os países credores. Por que elas não foram previstas e por que o fluxo de crédito não parou? Uma razão significativa foi a séria crise econômica no mundo ocidental durante a década de 1970. As economias estagnaram, os mercados ordinários de exportação encolheram e rapidamente crescentes volumes de desempregados forçaram os países em crise a procurar novos mercados para exportar. Para criar empregos, tinham de ser abertos novos mercados. As exportações para tais mercados, porém, tinham de ser compradas ao preço dos requisitos de segurança reduzidos para o empréstimo. Se as corporações privadas hesitavam, eram muitas vezes acalmadas por garantias de crédito estatais. À proporção que o tempo passava, os emprestadores não estavam querendo furar a bolha do crédito e agüentar as conseqüências. Garantindo novos créditos eles adiavam as ameaças e davam-se um repouso. Se declarações de falta de pagamento tivessem sido expedidas, os credores teriam sido forçados a fazer reivindicações e relatar perdas tão grandes que a estabilidade da comunidade bancária teria sido minada. [15]

O papel do empresário

> Manterei que, apesar de um certo número de contribuições altamente perceptíveis, o papel apropriado do empresário no sistema de mercado não está tipicamente apresentado em sua luz verdadeira, ou com o reconhecimento adequado de que ele é a força motriz para todo o processo do mercado.
>
> *Israel M. Kirzner*, 1973.

O desemprego nas décadas de 1970 e 1980 foi uma doença social que se provou bastante elástica contra as tentativas de remédio e cura. Apesar das medidas enérgicas e caras, continuou a se espalhar; em muitos países industriais espalhou-se tão extensamente que, como na década de 1930, só podia ser descrito como desemprego em massa.

Até o último, nossos doutores econômicos acreditavam nas teorias de Keynes, de acordo com a qual o desemprego resulta de uma deficiência na demanda total de uma sociedade. Em um mundo keynesiano, a tarefa do governo é curar o desemprego aumentando radicalmente aquela demanda total e o processo é financiado pelo empréstimo. Mas, apesar do fato que na última década o financiamento governamental de déficit aumentou sucessivamente em muitos países — a um ponto que Keynes nunca teria imaginado — a doença só se agravou. Hoje são os efeitos secundários dessas superdoses que ameaçam seriamente os pacientes. Ultimamente, os analistas têm chegado à conclusão de que novas curas, novos remédios são necessários; que as antigas receitas keynesianas da década de 1930 não servem para a de 1980. Precisamos de um novo Keynes, e estamos procurando um entre nossos economistas. Mas, os economistas de hoje estão tão divididos e de tal forma perdidos como aqueles que lutaram com os problemas de desemprego em massa da década de 1930.

A tese fundamental deste livro é que as raízes e causas das atuais doenças econômicas, tais como o desemprego, foram descobertas, e que a cura está disponível. A resposta está na "teoria do empresariado".

A nova teoria do empresariado tem implicações fundamentais com a do crescimento. De acordo com as teorias de produção neoclássicas, o subdesenvolvimento dos países pobres é devido principalmente à falta de capital, enquanto que, de acordo com a nova teoria do empresariado, o suprimento de incentivos empresariais é mais essencial que o de capital. Experiências em diferentes períodos da história, assim como em diferentes lugares — em revoluções industriais acima de tudo — provam que os empresários são capazes de criar capital se deixados por sua conta.

Como em todos os trabalhos de pesquisa científica, muitas pessoas contribuíram para as novas teorias do empresariado. Um dos primeiros pais da teoria foi o economista francês J. B. Say (1767-1832), que, além de ser um pioneiro na economia atual do lado do suprimento, demonstrou profunda visão da dinâmica da produção e crescimento, adicionando um quarto fator de produção aos clássicos três, terra, trabalho e capital — isto é, o empresário. O economista austro-americano Joseph A. Schumpeter (1883-1950), outro dos pais da teoria, discutiu a dinâmica da produção semelhantemente:

> A atividade empresarial do líder, que é, sem dúvida, uma condição necessária da realização da (nova) combinação, pode ser concebida como um meio de produção... Na maioria dos casos, como dissemos, os meios de produção podem ser substituíveis, mas não o líder. [16]

Schumpeter enfatizava o papel dinâmico do empresário para distingui-lo do do gerente. Uma das maiores deficiências dos economistas clássicos era, de acordo com Schumpeter, sua falta de apreciação do papel do empresário.

> Ricardo, os ricardianos e também Senior... de fato quase realizaram o que descrevi como um feito impossível, a saber, a exclusão completa da figura do empresário. Para eles — assim como para Marx — o processo do ne-

gócio se desenvolve substancialmente por si mesmo, sendo um adequado suprimento de capital a única necessidade para fazê-lo funcionar. [17]

A mesma acusação podia, certamente, ser dirigida contra a maioria dos economistas de hoje. A concepção de nossa tradicional teoria econômica da produção continua a ser "mecânica". Em um dos livros texto universitários mais amplamente usados encontra-se a seguinte formulação:

> A produção é, aproximadamente, como uma máquina de salsicha. Certos elementos, tais como matérias primas e os serviços de capital e trabalho, são introduzidos em uma extremidade e um produto emerge na outra. Os materiais e fatores de serviços usados no processo da produção são chamados *inputs* e os produtos que emergem são chamados *outputs*. [18]

Tais teorias levam pouco em conta o empresário, enquanto a nova teoria, mais humanística, insiste que o empresário e o suprimento de incentivos ocupam uma posição central.

A nova teoria de empresariado tem fundas raízes na escola austríaca de economistas, escola que está experimentando uma renovação nos recentes anos. Uma idéia fundamental de um dos seus mais proeminentes membros, F. A. Hayek — Prêmio Nobel em 1974 — é que as realidades econômicas são suficientemente complexas para fazer nosso conhecimento delas tendente a ser limitado. Por causa dessas limitações inevitáveis, nossas oportunidades de intervir no mercado e dirigir o desenvolvimento econômico também são limitadas. Muitas vezes os resultados da intervenção serão muito diferentes dos que se tinha em mira:

> Se um homem não deve fazer mais mal que bem em seus esforços para melhorar a ordem social, ele terá de aprender que, neste, como em todos os outros campos em que prevalece essencialmente a complexidade de uma espécie organizada, ele não pode adquirir o conhecimento completo que faria possível o domínio dos acontecimentos. Terá, portanto, de usar o conhecimento que pode conseguir, não para dar forma aos resultados como o artífice modela seu artesanato, mas, antes, para cultivar um crescimento, providenciando o ambiente apropriado, da maneira que um jardineiro procede com suas plantas. [19]

Os que apóiam a nova teoria do empresariado, assim como a escola austríaca, declaram que os mercados livres, com preços livres, livre competição e livre comércio são o ambiente ideal para as atividades empresariais. Os governos, por meio de regulamentos estatais e restrições, podem grandemente prejudicar este embiente, mas, se escolhem eliminar os regulamentos, podem amplamente melhorá-lo. Durante as últimas poucas décadas, governos do Leste, bem como do Oeste, seguiram políticas que seriamente prejudicaram o ambiente empresarial e crises econômicas foram o resultado. Os governos parecem estar inconscientes das causas e efeitos, inconscientes da ligação entre política e crise.

Bem consciente da importância da política para a ecologia da economia de uma nação, Ludwig von Mises (1881-1973), um dos pais da escola austríaca, escrevia, já em 1949:

> O empresário também está exposto a perigos políticos. Políticas do governo, revoluções e guerras podem danificar ou aniquilar sua empresa. Estes acontecimentos não afetam somente a ele; atingem a economia de mercado como tal e a todos os indivíduos, embora não a todos da mesma forma... Políticas hostis ao capitalismo podem privar os consumidores da maior parte dos benefícios que teriam colhido de atividades empresariais sem impecilhos.[20]

Existem aqueles que reagirão negativamente quando confrontados com estas idéias, suspeitando que a nova teoria do empresariado é uma nova ideologia lançada e patrocinada por homens de negócios, com a finalidade de se fazerem uma classe privilegiada. Estas pessoas estão erradas. De acordo com a tese fundamental da nova teoria, maiorias no poder durante os últimos dez ou quinze anos seguiram políticas de opressão e exploração da minoria empresarial: opressão por meio de inumeráveis regulamentos estatais, exploração por meio de taxas e emolumentos confiscadores. Tais políticas significaram um sistemático rompimento do ambiente empresarial e uma destruição efetiva do incentivo. A conseqüência inevitável foi a atual crise econômica, estagnação e desemprego.

Países como os Estados Unidos e a Suécia podem, hoje, se vangloriar da força de trabalho mais educada, mais saudável e mais hábil, no mundo. Mas, o que adiantam estes ativos e recursos se continuamos a manietar nossos empresários e, assim, paralisar os verdadeiros criadores de crescimento, riqueza e emprego?

parte II

Crise e Empresariado no Leste

Os camponeses foram o grande obstáculo para todas as revoluções socialistas, o problema sem solução da teoria marxista.

Arthur Koestler, 1969

CAPÍTULO 2

A UNIÃO SOVIÉTICA

> Uma fase chegou ao fim. A força motriz que teve sua origem na Revolução de Outubro, exauriu-se. Temos de apresentar um novo socialismo, baseado na liberdade e na democracia.
>
> *Enrico Berlinguer,* Presidente do Partido Comunista Italiano, 1982.

O terror de Lenine contra os camponeses

> Se não aplicarmos o terror e execuções imediatas, não chegaremos a parte alguma. É melhor que morram cem inocentes do que escape uma pessoa culpada.
>
> *V. I. Lenine,* 1918.

De acordo com pioneiros socialistas, tais como Marx, Engels e Kautsky, os que tinham sido camponeses privados sob o capitalismo estavam condenados nos países nos quais os socialistas tivessem assumido o poder. Engels declarou que o desenvolvimento passaria sobre estes camponeses da mesma maneira que uma locomotiva passa sobre um carrinho de mão. Uma opinião oposta foi apresentada pelo social democrata alemão Eduard Bernstein (1850-1932), que considerava as pequenas fazendas como sendo a forma mais racional das empresas agrícolas.

Como um genuíno citadino, Marx era obcecado por um entranhado desprezo pelos camponeses e pelo campo. No *Manifesto Comunista* ele escreveu sobre a "estupidez rural". [1] Uma explicação do desprezo de Marx pela agricultura capitalista, com suas incontáveis pequenas fazendas, era sua gigantomania, sua fé sem crítica na superior eficiência da grande empresa. Quando os comunistas, sob a direção de Lenine, tomaram o poder na Rússia, em 1917, olharam os camponeses e negociantes privados daquela época como aproveitadores capitalistas e inimigos da classe. De acordo com suas doutrinas socialistas, criaram uma economia comandada, na qual as atividades e a produção dos camponeses e negociantes ficariam inteiramente controladas por decretos dos novos senhores.

Para alarmar o povo e levá-lo à subserviência e à obediência, o novo regime tinha à sua disposição o aparelho de coerção do estado — polícia, soldados, prisões e verdugos — que tinha herdado do antigo regime, aparelho que ele expandiu e suplementou com comissários políticos e campos de escravos. [2] Uma vez que os produtos industriais e os alimentos eram necessários, os homens de negócios e os camponeses receberam ordens de continuar a produzir — na realidade como servos feudais sob os novos senhores.

Todos os lucros deveriam ser eliminados em um estado no qual os senhores, com sua clemência, garantiam aos servos os meios de subsistência necessários para manter sua capacidade de trabalho. Na realidade, os servos eram tratados pior que o gado. Mesmo que um camponês visse seus animais domésticos apenas como meios de produção, ele usualmente tomava conta deles e os tratava bem. Se os novos senhores tivessem olhado seus servos como um meio de produção, deveriam tê-los tratado como o gado. Mas eles eram considerados como inimigos da classe, o que significava que os tratavam pior que os animais.

De acordo com a ideologia dos novos senhores, era uma fraqueza imperdoável para um verdadeiro comunista demonstrar sentimentos humanos, tais como compaixão e misericórdia, com os inimigos da classe. Um verdadeiro comunista exigiria que eles executassem suas obrigações de produção para a sociedade socialista e puniria sem piedade qualquer um que não preenchesse suas quotas. [3]

Para qualquer pessoa com algum conhecimento da ecologia empresarial parece óbvio que esta política de terrorismo com os produtores iria inibir sua vontade de trabalhar. E nenhum terror ou ameaça de terror poderia parar o declínio constante na produção que ocorreu.

Durante os primeiros poucos anos após 1917, a produção de bens industriais caiu para uma fração de seu volume anterior. Uma vez que se pode sobreviver sem produtos industriais, este revés pôde ser agüentado. Muito pior foi o violento declínio nas entregas de alimento nas cidades. O governo tentou apoiar o povo das cidades fazendo com que patrulhas armadas vasculhassem as fazendas, confiscando tudo que fosse comestível que encontrassem, inclusive o gado, o grão em semente e a própria comida das famílias camponesas.

Matando e comendo, gradualmente, o estoque de animais doméstico e aumentando a proporção de grãos e vegetais na dieta, foi possível fazer face às necessidades básicas da população — mas bem escassamente — durante os primeiros três anos. Mas, em 1921, a opressão e exploração dos camponeses amadureceram em desastre, na forma de uma fome horrorosa.

Expedições de socorro em uma escala maciça foram mandadas de outros países. A mais importante foi organizada pela Liga das Nações, sob a direção do explorador polar norueguês Fridtjof Nansen, que recebeu o Prêmio Nobel da Paz em 1922. As vidas de doze a treze milhões de pessoas foram salvas, mas muitos milhões mais, a maioria delas de camponeses, não puderam ser impedidas de morrer de fome.

O regime de Lenine lançou a culpa da fome nas pequenas colheitas na Ucrânia e em outros celeiros da Rússia que — conforme o que declarou o regime — foram causadas por secas e mau tempo. Lenine deu o tom, e seus sucessores consistentemente culparam as condições meteorológicas pelas deficiências de safras. O mito que Lenine criou foi acreditado e, em 1921, a fome foi interpretada como uma catástrofe natural. Até hoje este mito é perpetuado em enciclopédias e livros de história.

Herança de Stalin

> Se Stalin tivesse querido ler os nomes de todos os que assassinou, a tarefa teria consumido todo o seu tempo.
>
> *Ilya Ehrenburg*, autor russo, 1965.

A longo prazo, os comunistas no poder não poderiam tolerar a agricultura privada capitalista e, em 1928, Stalin julgou-se suficientemente assegurado no poder para iniciar uma ofensiva maciça para socializar os camponeses privados. O ataque às fazendas privadas, que tinham aumentado de número para vinte e cinco milhões depois de 1917, como uma conseqüência do confisco e divisão das grandes propriedades, foi motivado por mais do que a ideologia.

Houve, também, uma economia de escala: vinte e cinco milhões de pequenas fazendas familiares "ineficientes" deveriam ser substituídas por unidades maiores e mais eficientes.

E houve um motivo administrativo: administrar e controlar centralizadamente um número limitado de grandes empresas é muito mais fácil que administrar e controlar vinte e cinco milhões de pequenas fazendas.

A coletivização da agricultura russa foi executada com terrorismo e brutalidade cruel. A opressão e exploração dos camponeses por Lenine trouxe uma fome catastrófica no princípio da década de 1920. Não teria sido difícil prever que a nova onda de terrorismo de Stalin iria preparar o caminho para um novo desastre.

O resultado foi uma redução na safra, com conseqüências fatais. De acordo com as melhores estimativas disponíveis — nenhum relatório oficial foi jamais publicado — entre 1929 e 1933, cinco milhões de pessoas morreram de fome e outro tanto foi liquidado pelo regime, totalizando, juntos, mais que o número de mortos na I Guerra Mundial.

Em um primeiro golpe de vista, poderia parecer que Stalin não aprendeu nada com os erros de Lenine, especificamente com aqueles que causaram a fome do princípio da década de 1920. Stalin, porém, não era tão ignorante. Por todos os indícios, ele parece ter sido bem informado dos custos e conseqüências de sua ofensiva contra os camponeses, os empresários privados "capitalistas" da agricultura russa. Mas, para um fanático como Stalin, nenhum sacrifício para forjar uma sociedade socialista seria demasiadamente grande.

E, assim, uma agricultura socialista, com grandes fazendas coletivas e estatais, foi erigida sobre as ruínas da agricultura privada. Após uns poucos anos de intenso sofrimento, a produção socialista aumentou e, a partir dos meados da década de 1930, foi capaz de satisfazer as necessidades de subsistência da população.

Através de economias de escala, novas técnicas e maquinaria moderna, a estrada para o sucesso na produção agrícola parecia estar aberta. Os relatórios oficiais também, de fato, jactavam-se dos triunfos socialistas na produção de alimentos.

Eventualmente, contudo, estava provado que a produção de relatórios estatísticos impressionantes é mais fácil que a produção de impressionantes e suficientes quantidades de alimentos. Nenhum ditador pode mudar o inexorável decreto da lei natural — só a comida pode curar a inanição.

O refletor expôs primeiro a realidade por trás da fachada oficial, em 1953, depois da morte de Stalin, quando seu sucessor, Nikita Krushchev, revelou que a Rússia, na época, tinha menos gado do que possuía em 1913, em uma sociedade que tinha mais sessenta milhões de pessoas para alimentar do que antes da I Guerra Mundial.

Agricultura russa depois de Stalin

> Tínhamos receio de que a vitória final do socialismo fosse embaraçada e retardada se a verdade sobre o paraíso de Stalin fosse revelada ao público.
>
> *Halldór Laxness*, autor islandês e Prêmio Nobel, 1965.

Quando, em 1954, Krushchev revelou a verdade sobre a agricultura russa, e culpou seu predecessor, Stalin, ele estava completamente convencido de que poderia curar seus males. Apesar de alguns sucessos iniciais, porém, não podia evitar o desastre da safra de 1963, um fracasso que necessitou de importações maciças de grão do Ocidente. O fracasso foi uma derrota pessoal para Krushchev e contribuiu fortemente para sua queda em 1964.

Durante os poucos anos seguintes, tanto os russos quanto o resto do mundo acreditaram que os problemas eram temporários e que, com uma nova e melhor política, a situação iria melhorar. E uma nova política agrícola, com mais fertilizantes químicos, mais máquinas e maiores salários para os mal pagos trabalhadores agrícolas, foi, de fato, prometida pelo sucessor de Krushchev, Leonid Brezhnev.

Novas políticas agrícolas e novos investimentos, porém, tinham sido prometidos tantas vezes no passado que pouca gente acreditou neles. Desta vez, também, as dúvidas provaram ter sido com fundamento. O revés de 1963 foi seguido de novos fracassos nas safras de 1965, 1972, 1975, 1979, 1980, 1981, 1982 e 1983 e constantes aumentos do volume das importações se tornaram necessários.

Um estudo de dados de safras durante quatorze anos, de 1970 a 1983, mostrado na tabela seguinte, revela não meramente uma estagnação de produção, mas um declínio. A desastrosa colheita de 165 milhões de toneladas em 1981 ocorreu simultaneamente com a colheita recorde de 331 milhões de toneladas nos Estados Unidos. Pela primeira vez na história, a produção americana era duas vezes a da Rússia.

Um estudo mais detalhado dos números oficiais da safra russa revela coisas notáveis. Os volumes da colheita eram tão grandes em relação ao tamanho da população que — se os números estivessem corretos — não seria necessária nenhuma importação. De acordo com os números publicados, as quantidades de grão disponíveis, "per capita" na União Soviética, incluindo as importações líquidas, eram 40 a 50 por cento maiores que as quantidades correspondentes "per capita" nos países da Comunidade Econômica Européia ou na Suécia.

As diferenças podem ser explicadas em parte. Por causa da baixa produção por hectare — apenas um terço da dos Estados Unidos — as fazendas russas tiveram que usar perto de 16 por cento de sua colheita como semente, enquanto somente 2 por cento são necessários nos Estados Unidos.[4] Mas nem isso, nem as perdas excepcionalmente grandes causadas por manuseio descuidado ou insuficientes facilidades para transporte e armazenamento podem explicar os números relativamente altos da safra russa. Outras explanações são necessárias.

TABELA 1

Suprimento de grãos na União Soviética (em milhões de toneladas)

Anos	Total colhido	Objetivo	Total importado
1970	187 (recorde)	185	10
1971	181	190	8
1972	150	200	21
1973	220 (recorde)	205	22
1974	196	205	17
1975	140	215	30
1976	223 (recorde)	220	20
1977	194	225	12
1978	237 (recorde)	230	18
1979	179	230	32
1980	181	235	33
1981	(165)	238	37
1982	(170)	238	42
1983	190	238	(29)

Fontes: Os números da safra e do objetivo são regularmente publicados nas estatísticas oficiais russas, principalmente no *Narkhoz, Narodnoe Khozyaistvo, URSS* (Almanaque estatístico), de Moscou. Os volumes importados foram obtidos como soma dos números de exportação dos países exportadores. Em contraste com anos anteriores, nenhum número de safra, de 1981 e 1982, foi publicado; os que aqui aparecem estão de acordo com estimativas de peritos internacionais. Conforme Stefan Hedlund, *Crise na agricultura soviética* (Suécia: Universidade Lund, 1983) e estatísticas continuamente publicadas pelo Departamento de Agricultura dos Estados Unidos. Os números entre parênteses não foram confirmados, o número para 1983 foi revelado por Konstantin Chernenko, em seu discurso de 2 de março de 1984.

A fim de evitar críticas — para não falar em represália e punição — os gerentes das fazendas russas são constantemente tentados a relatar volumes maiores do que são realmente colhidos. Com fatores como esse, a precisão estatística dos relatórios da colheita russa é altamente suspeita.

Apesar das promessas de novos investimentos e melhores políticas, a tendência para a importação tem estado subindo constantemente. Em 1975, quando o volume de importações chegou a 30 milhões de toneladas, a capacidade dos portos russos — os de Riga e Odessa, por exemplo — foi excedida e havia longas filas e grandes tempos de espera para os navios. Desde então os portos foram ampliados e, em 1982, eram capazes de manipular 42 milhões de toneladas.

Para dizer a verdade, os grãos não eram o único alimento importado. Três milhões de toneladas de açúcar têm sido importadas de Cuba regularmente, e, quando a safra de açúcar de beterrabas russa fracassou em 1980, o açúcar cubano teve de ser suplementado por importações de outros países. Quantidades substanciais de carne são também importadas, e, em 1980, a União Soviética foi o maior freguês de carne de boi da Argentina.

Os grupos governantes de todos os países socialistas baseiam seu poder no apoio dos trabalhadores industriais e nos moradores de cidade, e procuram pagar este apoio político com uma quantidade de privilégios, acima de tudo alimento barato. Os preços baixos, controlados, pagos ao camponês produtor não são suficientes. Os preços ao consumidor são geralmente reduzidos ainda mais com o auxílio de subsídios estatais para os alimentos básicos, subsídios que, no início da década de 1980, totalizaram aproximadamente $20 bilhões por ano na União Soviética.

Para se manterem apreciados, os líderes políticos têm preferido, usualmente, aumentar os subsídios, em vez de aumentar os preços ao consumidor e equilibrar a inflação. Apesar dos salários haverem dobrado, o preço do pão tem permanecido no mesmo nível por cerca de trinta anos; um pão preto custa cerca de 15 centavos e o branco, cerca de vinte e cinco centavos. Esses preços são tão baixos que encorajam extravagâncias e desperdício; o pão não consumido no dia em que é comprado é, muitas vezes, jogado fora.

A política artificial de preços fez com que o preço por quilo do pão seja, muitas vezes, de fato, mais barato que o preço do quilo de grão. Como os camponeses muitas vezes têm dificuldade de obter forragem para o seu gado particular, e como o pão é vendido livremente, este é, seguidamente usado como forragem, apesar de ameaças de severas punições.

Os preços das carnes de boi e porco também têm sido mantidos artificialmente baixos, estimulando, assim, o consumo. De acordo com a estatística das Nações Unidas, o consumo anual soviético "per capita" em 1980 foi de 50 quilos. O número correspondente na Suécia foi de 54 quilos e nos Estados Unidos, 79 quilos. [5]

Desde 1980, a situação do suprimento de alimento na União Soviética deteriorou-se seriamente. Em maio de 1981, uma "experiência" de racionamento de carne e manteiga — o primeiro racionamento destes alimentos desde a II Guerra Mundial — foi iniciado em Irkutsk, na Sibéria. As rações eram de 1 quilo de carne e 300 gramas de manteiga por pessoa por mês, quantidades muito abaixo dos números médios dados nas estatísticas oficiais. Em 1982 e 1983, a "experiência" foi estendida a várias outras cidades, e, de acordo com os relatórios, nem mesmo essas pequenas rações puderam ser distribuídas. Durante longos períodos, os armazéns não tinham carne nenhuma para vender.

Se os preços de alimento, politicamente manipulados na União Soviética, não forem elevados, em um futuro próximo, a um nível em que a oferta e a demanda estejam equilibradas — e a evidência indica que aumentos substanciais de preços seriam necessários, se este objetivo tivesse de ser atingido — não demorará muito antes que a "experiência" de racionamento tenha que ser aplicada a todo o país.

Após uma série de fracassos de safra em 1981 e 1982, as estatísticas de produção de grão não ficaram mais disponíveis, e, depois de um sério aumento de mortalidade infantil depois de 1970, nenhuma estatística mais, referente a essas realidades, foi também publicada. Mas, naturalmente, um suprimento de alimento gradualmente reduzido deve ter suas conseqüências e, de acordo com as estatísticas oficiais, (*Narodnoe Khozyaistvo*), entre 1965 e 1980, a duração média de vida esperada para os homens russos foi reduzida de quatro anos.

A União Soviética, os Estados Unidos e a Suécia – uma comparação

> Um pequeno proprietário, que conhece cada parte de seu pequeno território, que o olha todo com a afeição que a propriedade, especialmente a pequena, inspira naturalmente, e que, por causa disso, tem prazer não apenas em cultivá-lo, mas também em adorná-lo, é, geralmente, de todos os melhoradores, o mais trabalhador, o mais inteligente e o mais bem-sucedido.
>
> *Adam Smith,* 1776.

A agricultura é uma das poucas indústrias na qual se podem fazer claras comparações de produtividade entre diferentes países.

A porcentagem da força total de trabalho que se destina à agricultura em cada país é um bom indicador.

Tanto nos Estados Unidos como na Suécia, a mão-de-obra agrícola atinge de 3 a 4 por cento da população total, enquanto, na União Soviética, é de 23 por cento. Deve-se, também, notar que, nos Estados Unidos e na Suécia, os fazendeiros produzem excedentes substanciais para exportação, enquanto que, na União Soviética, aproximadamente um terço do suprimento de alimento deve ser ou importado ou produzido em pequenas áreas privadas que não estão incluídas nas estatísticas agrícolas soviéticas. Como se vê na tabela seguinte, há grandes diferenças na agricultura dos três países.

TABELA 2

A estrutura da agricultura nos Estados Unidos, Suécia e União Soviética, 1980

País	N.º de fazendas com 2 ou mais hectares em terra cultivada	Terra cultivada média por fazenda (em hectares)	Parcela da força de trabalho na agricultura (%)
Estados Unidos	2.400.000	70	3-4
Suécia	115.000	25	3-4
União Soviética	145.000	1.500	23

Fontes: EUA: *Statistical Yearbook*. Suécia: *Jordbruksstatistik arsbok*. União Soviética: *Narkhoz, Narodnoe Khozyaistvo.*

Em 1980, a agricultura em larga escala na União Soviética consistia apenas de 47.000 unidades empresariais: 21.000 fazendas estatais com uma área média de 19.000 hectares, dos quais 6.500 estando sob cultivo, e 26.000 fazendas coletivas com uma área média de 6.400 hectares, dos quais 3.400 estavam sendo cultivados.

Além disto, havia algumas 100.000 fazendas pequenas, com uma área média de 60 hectares, operadas por corporações de fora do setor agrícola, para garantir o suprimento de alimento para os seus restaurantes de diretoria. A incerteza das entregas pelas fazendas socialistas forçou as companhias a operar suas próprias fazendas.

Com relativamente poucas exceções, a agricultura, tanto nos Estados Unidos como na Suécia, é organizada como fazendas familiares, a maioria das quais pertencente inteiramente ou em parte aos próprios fazendeiros. São pequenas empresas, como regra geral, operadas pelos membros da família do proprietário. A maioria é tão pequena que pode ser operada na base de tempo parcial por uma família, da qual um ou vários membros estão empregados assalariados fora da fazenda.

Nos Estados Unidos e na Suécia, a maioria dos empresários ainda é de empresários privados. Mas, fora da agricultura, eles são tão embaraçados e oprimidos pelos regulamentos governamentais que não podem mais ser chamados de livres empresários.

Os regulamentos do governo para a agricultura — diferentes dos regulamentos fora dela — são, em geral, destinados a apoiar e proteger os empersários, os fazendeiros. Enquanto os controles de preço, fora da agricultura, forçam os preços abaixo do nível de mercado, os controles da agricultura colocam os preços acima desse nível.

Os fazendeiros desses dois países ainda podem ser classificados como livres empresários, gozando o privilégio de operar de acordo com suas próprias preferências, em um ambiente que lhes dá grandes incentivos para investir toda sua força e criatividade em seu trabalho e a fazer isso sem pensar em horas de trabalho e férias reguladas.

Por todo o mundo, foi demonstrado que a fazenda da pequena família, antes tão desprezada pelos fundadores do socialismo, é decididamente mais eficiente que as gigantescas empresas agrícolas dos países socialistas, desde que se permita ao fazendeiro trabalhar como livre empresário.

Para começar, a agricultura na União Soviética tem sido tratada como uma enteada, privada de investimentos e de recursos. Uma pobre agricultura tem sido a conseqüência. Durante a era de Krushchev, contudo, de 1953 a 1964, e especialmente durante a era de Brezhnev, de 1964 a 1983, as privações foram substituídas por uma política de investimentos decididamente generosa. As quantidades de fertilizantes químicos entregues nas fazendas aumentaram constantemente e, em 1981, 26 milhões de toneladas foram usadas na União Soviética. Só 21 milhões foram utilizadas nos Estados Unidos. [6]

Os governos soviéticos, desde Krushchev, têm tentado curar os males crônicos da agricultura socialista com maiores investimentos — mais fertilizantes, mais máquinas e assim por diante — mas, apesar desses esforços, a agricultura tem deteriorado constantemente. Durante os recentes anos, mais de 25 por cento do total dos investimentos soviéticos têm sido para a agricultura, uma parcela não ultrapassada nos países industriais.

Até agora, os males da agricultura socialista parecem ser imunes aos remédios materiais aplicados. A única conclusão lógica é que as raízes do problema devem estar mais profundas, dentro do próprio sistema socialista. A mesma conclusão é traçada por Lester R. Brown, em um livreto informativo no qual ele diz:

> Os líderes soviéticos podem ainda não ter estudado a modernização agrícola em outro lugar, o suficiente para ver o conflito inerente entre a agricultura planejada centralmente e a agricultura altamente produtiva. Até agora eles apenas tentaram melhorar o sistema existente, em vez de abandonar o planejamento centralizado e o controle. Mas o problema não é que os planejadores soviéticos sejam ignorantes ou que a força de trabalho da fazenda soviética seja preguiçosa e inepta. É o desenho defeituoso do próprio sistema. Não pode trabalhar eficientemente e não se pode esperar que assim aconteça. Consertar os males da agricultura soviética, sem reformar o sistema será como tratar dos sintomas de uma doença em vez da causa. Em agricultura, como em medicina, o risco de tal solução é que a condição do paciente pode piorar. [7]

As grandes empresas agrícolas socialistas na União Soviética conseguem produzir somente alimento bastante para suprir dois terços das necessidades domésticas da nação. O restante é coberto pela produção em 35 milhões de lotes privados e pelas importações. A fim de conseguir a completa cobertura da necessidade de alimento na União Soviética, seria necessário alocar pelo menos 35 por cento da força de trabalho russa na agricultura socialista, em vez das 23 por cento empregados agora. Alguma compensação pelo declínio da produção deve ser incluído em tal cálculo.

Tanto nos Estados Unidos como na Suécia, alimento mais que suficiente para satisfazer as necessidades domésticas é produzido por

3,5 por cento da força de trabalho. Pareceria que a agricultura privada nesses países é, aproximadamente, dez vezes mais eficiente que a socialista na União Soviética.

Camponeses privados na União Soviética

> A posse de um pedaço de terra dá ao camponês um interesse e uma vontade de trabalhar; é isso que encorajará o aumento de prosperidade.
>
> *Gunnar Myrdal,* 1964

Durante os anos de tentativa de coletivização no início da década de 1930, Stalin foi forçado a permitir que os camponeses cultivassem seus próprios lotes, para fazer face às necessidades de suas famílias e — para diminuir a fome dos habitantes das cidades — para permitir que eles vendessem seus excedentes a preços livres em mercados livres, os mercados colcós nas cidades e metrópoles vizinhas. Hoje há trinta mercados destes em Moscou e aproximadamente 8.000 no país todo.

Uma vez que vendedores por atacado privados, de acordo com a ideologia socialista, são aproveitadores, os mercados colcós só são permitidos para os camponeses que transportam pessoalmente seus produtos para os mercados e pessoalmente os vendem ali. Um tal sistema de distribuição é, logicamente, altamente impraticável e ineficaz e, nos recentes anos, pequenas racionalizações têm sido permitidas.

A crise permanente da agricultura socialista e a constante falta de alimentos explicam por que estes camponeses têm conseguido vender seus excedentes dos lotes a preços muito bons. Isso também explica por que os membros de suas famílias, principalmente as donas de casa, devotaram prazeirosamente suas horas de folga ao cultivo dos lotes.

De acordo com relatórios recentes, porém, os jovens estão ficando cada vez mais relutantes a usar seu tempo de lazer desta maneira; estão cansados de tirar leite das vacas, de alimentar os porcos e as aves e de limpar os estábulos. Por isso, a altamente necessária corrente de alimentos dos lotes privados para as cidades tem, então, tendido a diminuir durante os anos recentes e irá tornar-se ainda menor no futuro.

Para ser sincero, a agricultura privada era um elemento estrangeiro na sociedade socialista e, de acordo com os chefes políticos, devia ser eliminada tão logo as fazendas socialistas tivessem deixado para trás seus males infantis e fossem capazes de satisfazer as necessidades do país por elas próprias.

Depois da gigantesca campanha de cultivo no Casaquistão (1953-60) e após umas poucas boas colheitas lá, Krushchev sentiu-se tão confiante que, com sua arrogância ideológica, começou uma campanha contra os lotes privados. Mas uma safra desastrosa seguiu-se em 1963.

Os sucessores de Krushchev aprenderam a lição e proclamaram que o alimento produzido em lotes privados era virtualmente indispensável. Tiveram que concluir que as fazendas socialistas provavelmente não iriam nunca ser capazes de produzir alimento suficiente para o país por elas mesmas e reagiram garantindo aos camponeses privados termos de certa forma melhores do que tinham tido até então.

Hoje, há cerca de 35 milhões de lotes — mini-fazendas particulares — na União Soviética, com uma área máxima de 0,25 hectares cada um; o tamanho médio é perto de 0,2 hectares. Algumas informações básicas sobre as mini-fazendas são apresentadas aqui.

TABELA 3

Agricultura privada na União Soviética, 1977

Número de lotes:	35.000.000
Área total em hectares:	8.000.000
Porcentagem da área total cultivada:	3
Porcentagem do total da produção agrícola:	27
da carne de boi e porco: 30; de leite: 30; de ovos: 38; de vegetais: 32; de batatas: 46	

Fontes: *Literaturnaya Gazeta* 1977, tal como transcrito em *Dagens Nyheter*, 22 de maio de 1977, e Stefan Hedlund, *Crisis in Soviet Agriculture* (Universidade de Lund, Estudos econômicos 28, 1983), págs. 117 e seg.

Na planejada centralmente, controlada e regulada economia soviética socialista, há apenas uma ilha legal de liberdade, as mini-fazendas. Os cultivadores desses lotes planejam e organizam seu trabalho inteiramente como desejarem e são, no verdadeiro sentido das palavras, livres empresários. Vendem seus excedentes a preços livres em mercados livres e não pagam nem taxas de venda nem impostos de renda. De uma maneira milagrosa, as mini-fazendas funcionam como zonas de economia livre dentro do ambiente socialista. [8]

Um sistema antiincentivo

> Os políticos, seguindo seu desempenho habitual, exploram os produtores de alimento, a fim de assegurar o apoio político das massas urbanas. De um modo geral, os fazendeiros não confiam em políticos. Têm boas razões. Muito seguidamente eles têm sido ou ignorados ou explorados por eles. É dolorosamente aparente que quase todas as intervenções do governo no suprimento de alimento resultem em uma redução desse suprimento. O problema de alimento é, principalmente, um problema político.
>
> *Merrit L. Kastens*, perito agrícola americano, 1981.

A agricultura socialista soviética é, como já foi notado, decididamente ineficiente. O fato de que a grande maioria dos fazendeiros são proprietários das fazendas americanas, no todo ou em parte, tem sido, muitas vezes — por noções românticas de livre propriedade de fazendeiros — apresentado como a chave para sua eficiência; a falta de propriedade, portanto, é presumida como a razão para a ineficiência na agricultura socialista. Apesar do inegável efeito estimulante da propriedade, contudo, ele não explica suficientemente a enorme diferença entre a eficiência da agricultura privada e a da socializada. Estudos comparativos entre fazendas possuídas e arrendadas, nos Estados Unidos e na Suécia, mostraram que a diferença não é de grande significação.

De acordo com outra explanação, a gigantomania socialista seria um encargo que sobrecarrega pesadamente a agricultura soviética, diminuindo sua produtividade. A área média das 21.000 fazendas estatais é de 19.000 hectares, uma área tão grande que, se fosse um quadrado, cada lado mediria quatorze quilômetros. A área média das 26.000 fazendas coletivas é de 6.400 hectares, área que corresponde a um quadrado de oito quilômetros. Mesmo que se concorde que tais unidades estão longe de ser do tamanho ideal, a gigantomania sozinha pode explicar apenas parte da diferença — os transportes internos, por exemplo, devem ser longos e custosos. Tanto nos Estados Unidos como na Suécia, grandes fazendas e propriedades são, geralmente, tão produtivas quanto as pequenas unidades.

A firme crença socialista nas economias de escala ditou as mudanças estruturais na agricultura soviética. Enquanto em 1940 havia 235.000 fazendas coletivas, em 1965 seu número se havia reduzido para 37.000 e, em 1980, para 26.000. As esperanças do regime, porém, estão nas verdadeiras empresas socialistas, as gigantescas fazendas estatais, cujo número aumentou de 12.000 em 1965 para 21.000 em 1980. Ainda em fevereiro de 1976 — depois do severo fracasso da safra de 1975 — Brezhnev expressou a convicção de que empresas ainda maiores levariam a uma maior eficiência a agricultura soviética.

Uma terceira explanação é que o controle e o planejamento central paralisam a iniciativa dos gerentes locais. Em um artigo sobre a catástrofe da colheita soviética de 1975, Peter G. Lindberg discute o "sistema rigidamente centralizado" como a causa do fracasso:

> Da organização central vem uma enchente de papéis com diretivas regulando os mínimos detalhes. A burocracia consumirá mais tempo que a real direção da fazenda. A imprensa, seguramente, está bem ciente disso. De acordo com uma reportagem no *Pravda,* um gerente de um colcós, durante um período de seis meses, recebeu 800 diretivas de diferentes autoridades. Além disto, havia discussões e investigações, muitas vezes focalizadas nos esforços de encontrar um bode expiatório político. [9]

Ao indicar o controle central, o núcleo do socialismo, o Sr. Lindberg aponta a causa fundamental.

Há, certamente, outras causas que contribuem. O terror sofrido pelos camponeses sob Lenine e Stalin sobrevive como uma vívida memória para os descendentes das vítimas. Os camponeses, desde o início do regime socialista, tiveram boa razão para se considerarem um grupo de fora, maltratado e explorado. As últimas das coisas que lhes foram dadas, pensões do estado para os idosos e salário mínimo, foram recebidas as primeiras somente em 1965 e o último em 1966. E, até 1976, quando a pensão mínima para outros cidadãos era de 45 rublos por mês, os camponeses tinham de se contentar com 20 rublos. Essa espécie de discriminação abaixa ainda mais o moral de trabalho dos camponeses socializados.

Camponeses soviéticos — Trabalho escravo

> O problema não é como a União Soviética encontrará um caminho para fora do totalitarismo, mas como o Ocidente poderá evitar o destino soviético.
>
> *Alexander Solzhenitsyn,* 1982.

Rendimentos significantemente maiores, melhores moradias e melhores condições de trabalho do povo em atividades não agrícolas serviram como um forte incentivo para os jovens do campo soviético migrarem das fazendas. Mas, como o alimento ficou cronicamente com suprimento insuficiente, tal migração foi proibida. Em 1932, Stalin introduziu um sistema de passaportes domésticos para parar a migração. Ninguém tinha permissão de deixar seu local de residência por mais de quarenta e oito horas sem uma permissão escrita. A posse de um passaporte era um pré-requisito para uma permissão, mas aos camponeses eram negados os passaportes e, assim, eram privados de qualquer direito legal de deixar as áreas de suas casas. A servidão na Rússia, que tinha sido abolida em 1861 pelo Czar Alexandre II, foi, então, na realidade, reintroduzida em 1932.

Desde as revelações de Krushchev referentes a Stalin, no Vigésimo Congresso do Partido, em 1956, a opressão dos camponeses por Stalin se tornou bem conhecida. Menos sábio é o fato de que a servidão dos camponeses que ele introduziu foi mantida por várias décadas pelos seus sucessores. Não foi senão em meados da década de 1970 que os passaportes domésticos foram expedidos para os camponeses, e, mesmo então, não foi para todos de uma vez, mas gradualmente por todo o período de 1976 a 1981.

A reforma do Czar Alexandre liberou 23 milhões de servos de seus grilhões, enquanto que a de Brezhnev deu maior liberdade a 32 milhões de russos. A liberdade de todos os russos, contudo, ainda é limitada pelo sistema de passaportes domésticos, que ainda existem. Contudo, os vínculos foram de certa forma afrouxados: em 1976, todos os russos que possuíssem passaportes válidos, podiam deixar suas áreas residenciais por um período de seis semanas, sem permissão policial.

A opressão e a exploração só podem matar o incentivo para produzir. Essa é a raiz da ineficiência que caracteriza a agricultura soviética. Os trabalhadores que usam a maquinaria agrícola pesada — tratores, segadoras e semelhantes — são tão descuidados com elas que muitas máquinas estão maltratadas e imprestáveis.

Adam Smith, no *Wealth of Nations,* demonstrou uma grande visão sobre a ineficiência e falta de inventividade dos oprimidos:

> Eu creio que a experiência de todas as eras e nações demonstra que o trabalho realizado por escravos embora pareça custar apenas a sua manutenção, é, no fim, o mais caro de todos. Uma pessoa que não pode adquirir nenhuma propriedade, não pode ter outro interesse senão comer ao máximo, e trabalhar o mínimo possível. Qualquer trabalho que ele faça, além do suficiente para comprar sua própria manutenção, só pode ser extorquido pela violência e não por qualquer interesse da parte dele...
>
> Os escravos são raramente inventivos. Todos os mais importantes melhoramentos, seja na maquinaria, ou no arranjo e distribuição de trabalho, que facilite ou reduza a mão-de-obra, foram descobertas dos homens livres. Se um escravo propõe qualquer melhoramento dessa espécie, seu senhor estará muito inclinado a considerar a proposta como uma sugestão de preguiça, e de um desejo de economizar seu próprio trabalho às expensas do senhor. O pobre escravo, em vez de recompensa, enfrentaria, provavelmente, mais abuso, talvez com alguma punição.[10]

A arma secreta dos trabalhadores escravos

> Se os trabalhadores e camponeses não querem aceitar o socialismo, nossa resposta será: Por que perder tempo com palavras quando podemos aplicar a força?
>
> *V. I. Lenin,* 1918.

Quando os pais fundadores do estado soviético resolveram, em 1917, construir um estado socialista, começaram com uma crença ilimitada nos poderes da força e do terror. O aparelho de coerção estatal foi seu instrumento principal, e eles acreditavam que a multidão de camponeses podia ser assustada e forçada a trabalhar como servos feudais no serviço do estado socialista, o que quer dizer, no serviço dos homens no poder. A experiência em breve provou, porém, que sua fé no poder da força era injustificada. A estória da política agrícola soviética não é apenas uma estória de numerosos assaltos pelo regime sobre os camponeses, mas, também, a estória de muitas retiradas.

A luta entre as massas de camponeses e os senhores vermelhos, que está se realizando desde 1917, não tem sido nem organizada nem heróica por parte dos camponeses. Não lutaram em movimentos de resistência subterrânea ou em grupos de guerrilheiros, e, apesar das acusações de que assim o fizeram, eles raramente têm sabotado deliberadamente a produção. Mas a opressão e a exploração mataram seus incentivos para trabalhar.

Em um dos lados dessa luta têm ficado os senhores vermelhos, armados com o aparelho de coerção estatal, com o poder de estabelecer preços baixos para os produtos agrícolas, e o poder de compelir as entregas. E também armados com o aparelho de apavorante terror: bem equipadas forças policiais e soldados, prisões, campos de escravos, pelotões de execução.

Do outro lado têm ficado as massas de camponeses, pobres e desarmados, aparentemente desamparados ante o poder dos senhores. O camponês desarmado, porém, possui uma arma secreta. Só camponeses podem produzir alimento e, se suficiente alimento não é produzido, se surgem escassez e fome, a existência do regime está em perigo. Enquanto a existência dos camponeses não é dependente do regime, a deste é inteiramente dependente dos camponeses.

Os senhores soviéticos podem oprimir, explorar, maltratar, aterrorizar e matar os camponeses. Mas eles jamais podem fazer isso sem sofrer severas conseqüências sob a forma de produção reduzida e um insuficiente suprimento de alimento.

Produção de alimento e poder nacional

> Enquanto o capitalismo e o socialismo existirem lado a lado não poderemos viver em paz. Ao fim, um dos dois conquistará. Um hino fúnebre será cantado seja sobre a União Soviética, seja sobre o capitalismo mundial.
>
> *V. I. Lenin,* 1918.

Como enfatizado anteriormente, uma das características fundamentais da política agrícola soviética é seu efeito de destruição de incentivos na produção de alimento. Políticas semelhantes são seguidas em quase todos os países socialistas. Em conseqüência, cada vez mais países, que já foram não somente auto-sustentados, mas, na verdade, produziam e exportavam excedentes, são, agora, forçados a depender das importações. A Rússia, o maior exportador mundial de grão, tornou-se, agora, o maior importador — 42 milhões de toneladas em 1982. O Japão, o maior importador de trigo durante décadas, foi ultrapassado pela União Soviética em 1975. Durante o início da década de 1980, o volume das importações soviéticas se tornou o dobro do do Japão.

O único elemento positivo que pode ser observado nesse nível de baixa produção nos países socialistas é o enorme potencial de produção não realizado. Se, um dia no futuro, uma política de estímulo ao incentivo vier a substituir a atual política de destruição do incentivo, enormes forças de produção de alimento serão libertadas.

A atual política agrícola nos países socialistas não tem apenas um aspecto de suprimento, mas, também, um de força. Cada país que não pode satisfazer suas necessidades de alimento com suas próprias fontes de produção torna-se dependente das importações e, daí, da boa vontade de outros países. E quanto maior o volume de importações necessárias, tanto maior será a dependência. Essa espécie de dependência de importação pode ser explorada politicamente pelos exportadores. Não é, de maneira nenhuma, sempre suficiente para os países importadores pagar em dinheiro, em moeda forte, pela importação de alimento; além disso, são, muitas vezes, forçados a adaptar suas políticas doméstica e externa aos interesses e avaliações do exportador.

O problema de garantir alimento suficiente para um país sempre teve um aspecto militar. Razões de defesa sempre têm sido usadas para justificar a política agrícola sueca, com seus favores e subsídios para os fazendeiros. Não importando quão despendiosas e fortes sejam as forças militares de um país, se sua própria produção agrícola não for suficiente para alimentá-lo durante uma guerra, ele poderá ser forçado a capitular a um inimigo, se for impedido de importar, por meio de um bloqueio.

O aspecto de força assume uma qualidade fatal quando se recorda que o sistema de mercado estimulou o desenvolvimento de um aparelho de produção de alimento altamente eficiente no mundo ocidental, enquanto o sistema socialista do Leste teve o efeito oposto. Como conseqüência, uma das superpotências mundiais, os Estados Unidos, é o maior exportador de alimento — no início da década de 1980 exportou 55 por cento de todo o alimento vendido no mercado mundial — enquanto a outra, a União Soviética, é o maior importador de alimento do mundo.

Em certas situações, grandes excedentes de alimento podem ser usados como instrumentos de extorsão. A superioridade de suprimento de alimento pode ser usada da mesma maneira que a militar. A "bomba de trigo" pode ser empregada para ameaças e chantagem da mesma forma que a bomba atômica.

Quando a União Soviética, em 27 de dezembro de 1979, invadiu o Afeganistão, já em 5 de janeiro de 1980 o Presidente Carter podia parar a maior parte da planejada exportação de grão para a União Soviética — 17 milhões de toneladas, de um total de 25. Somente os 8 milhões que tinham sido vendidos por contratos federais de longo tempo foram entregues.

Esta manobra foi apenas parcialmente bem sucedida porque países como a Argentina viram uma oportunidade de vender grão para a União Soviética a preços duas vezes mais altos do que os que ela tinha aceitado anteriormente. De qualquer forma, a União Soviética foi capaz, nessa ocasião, de compensar os carregamentos americanos reduzidos por meio de maiores importações de outros países.

Contudo, a vulnerabilidade da União Soviética em uma guerra, por causa da grande quantidade de alimento que ela terá de importar, não deve ser superenfatizada. Em sua ampla produção de alimento animal e seu alto consumo de carne de boi e porco "per capita", a União Soviética tem uma reserva importante.

Mudando sua dieta de alimentos animais, que são altamente consumidores de reserva, por vegetais, que são baixamente consumidores de recursos — como aconteceu em muitos países durante a II Guerra Mundial — os russos poderão satisfazer suas necessidades básicas de alimento.

A dependência constantemente crescente da maioria dos países socialistas em alimento importado, contudo, os põe em outras graves desvantagens. Uma parte cada vez maior do rendimento de suas exportações é consumida como pagamento para suas importações de alimento, o que significa que cada vez menos é deixado para pagar as importações de necessárias matérias primas, máquinas e artigos industriais, importações que poderiam ter acelerado o crescimento econômico.

Até agora, um grande número de países socialistas tem sido capaz, como um todo, de financiar suas crescentes importações de alimento com o auxílio de créditos do Ocidente. Pedindo empréstimos, têm podido viver além de suas possibilidades por longos períodos. Mais cedo ou mais tarde, porém, seu potencial de crédito terá sido consumido e não será mais possível adiar as dificuldades reais.

CAPÍTULO 3

POLÔNIA

> A nação polonesa, não tanto viva como sobrevivendo, persiste em pensar, respirar, falar, esperar e sofrer em uma terra que mais parece, em sua maior parte, uma sepultura, cercada por um milhão de baionetas.
>
> *Joseph Conrad*, 1911.

Escrito na parede

> A maioria dos que advogam o socialismo, assim o fazem na crença sincera que irão, com isso, ajudar os pobres e os mais merecedores elementos de nossa população.
>
> *F. A. Hayek*, 1977.

Desde agosto de 1980, quando os problemas de suprimento e os conflitos políticos na Polônia se transformaram em uma crise, houve um dilúvio de informações a respeito da situação. Essas informações, porém, parecem nada menos que um montão de peças de um quebra-cabeças. Somente depois que as peças tiverem sido postas em ordem poder-se-ão ver as relações entre causa e padrões.

Uma escassez de bens e uma falta de alimentos tão severa, que ameaçou se desenvolver em uma fome, foram interpretadas pela maioria do povo como o resultado de alguma espécie de desastre natural, principalmente o mau tempo. Os que estavam no poder na Polônia, que, pelo menos havia seis anos, culpavam o mau tempo pela escassez cada vez maior e mais longas filas à porta das lojas aceitaram prazeirosamente esta interpretação primitiva.

As condições geográficas e climáticas para a agricultura na Polônia, contudo, são excelentes e, antes que os comunistas tomassem o poder e convertessem um mais em um menos, a Polônia era um dos celeiros da Europa, com grandes excedentes para exportação. Quando a produção agrícola em um país assim diminui continuamente, algumas perguntas têm de ser feitas: que políticas contra os produtores — neste caso os camponeses — têm sido seguidas pelos que estão no poder? Essas políticas significam opressão e exploração dos produtores? Prejudicaram o ambiente empresarial, inclusive os incentivos para a produção?

Tratamento dos camponeses privados

> Há alguma coisa no sistema coletivista que não está de acordo com a nossa natureza, que não mobiliza nossas melhores qualidades.
>
> *Uno Lamm*, inovador tecnológico sueco, 1979.

Um automóvel com o melhor dos motores não pode funcionar sem combustível. Seres humanos, sem incentivos, não trabalharão. Quanto mais forte for o incentivo, melhores serão os resultados.

A experiência nos países capitalistas provou que fazendeiros livres, trabalhando em um ambiente empresarial favorável, com reais recompensas por sua produção, ficam querendo empenhar-se em longos dias de trabalho, usualmente sem fins de semana livres ou férias. Na Polônia, porém, a agricultura é uma indústria extraordinariamente ineficiente. Um terço da população é empregada na agricultura, mas, apesar desse enorme emprego de mão-de-obra, a produção não consegue satisfazer a necessidade doméstica de alimento. Nos Estados Unidos e na Suécia, somente um décimo desta parte da força de trabalho é empenhada na agricultura, mas é capaz de produzir grandes excedentes para a exportação.

Depois da II Guerra Mundial, o regime comunista na Polônia planejou transformar a agricultura polonesa, de um sistema abarcando milhões de pequenas fazendas privadas, em um de gigantescas fazendas estatais ou coletivas, seguindo, assim, o modelo soviético de grandes empresas "eficientes". Por várias razões este plano foi abandonado e, quando o líder comunista Wladyslaw Gomulka deu o sinal de retirada, em meados da década de 1950, 80 por cento da terra cultivável permaneceu em mãos particulares. Desde então, o setor socializado tem sido, lenta mas constantemente, ampliado e, no momento em que isto está sendo escrito, em 1983, os camponeses privados ainda cultivam aproximadamente 70 por cento da terra arável.

A longa experiência no Ocidente tem provado que um setor agrícola com fazendas privadas pode funcionar de forma altamente eficiente; por que uma agricultura, na qual a maioria das fazendas são mantidas privadas, funciona tão pobremente na Polônia?

Tal como na União Soviética, os líderes políticos poloneses recebem seu apoio da população urbana e industrial e devem pagá-lo com privilégios, entre os quais comida barata, privilégio dado às expensas dos camponeses. Em um país socialista com agricultura privada, os grupos no poder exploram os camponeses através do controle de preços. Os preços dos alimentos produzidos pelos camponeses são estabelecidos muito abaixo dos que os consumidores estariam em condições de pagar em mercados livres. Os camponeses têm boas razões para se sentir roubados.

Também, embora o direito legal de possuir terra tenha sido formalmente retido para os camponeses privados na Polônia, a posse da terra foi, na realidade, solapada por ter sido transformada em um direito de usá-la durante a vida ativa do "proprietário". Essa posse restrita produz apenas fracos incentivos para patrocinar, desenvolver e aperfeiçoar as fazendas.

Nesta base, é fácil explicar o atraso da agricultura polonesa. As conseqüências foram tais que o regime, em janeiro de 1983, prometeu restaurar a posse aos camponeses. Com o controle de preços como um instrumento, os dirigentes despojaram os camponeses do capital que os habilitaria a investir em suas fazendas — comprar maquinaria, fertilizantes químicos, boas sementes, bom gado e outras coisas mais. Quando um fazendeiro, no Ocidente, investe em melhoramentos em sua fazenda, ele se sente confiante de que será remunerado em venda futura. Esse forte incentivo para fazer melhoramentos está faltando na agricultura polonesa, onde outras pessoas, além dos camponeses, colhem as recompensas.

Preços políticos em vez de preços de mercado livre

> Mais cedo ou mais tarde a democracia na Polônia está fadada a vencer seus inimigos.
>
> *Czeslaw Milosz,* 1981.

Em um país socialista como a Polônia, a população industrial e urbana — os grupos que apóiam o regime — espera recompensas e privilégios; espera algum progresso para a prosperidade. As demandas por melhores padrões tornam-se demandas por maiores salários e preços estáveis.

Os governos poloneses não têm sido capazes de impedir a inflação, incluindo aumentos de salários e de rendimentos. Os preços dos alimentos, porém, têm sido mantidos estáveis por meio dos controles de preços. Como a inflação forçou as autoridades a aumentar os preços de entrega pelos camponeses, elas só são capazes de manter preços estáveis para o consumidor com o auxílio de subsídios estatais. A cada ano, a diferença entre os preços do produtor e os do consumidor tem aumentado, um desenvolvimento que exigiu subsídios cada vez maiores. Isto tem significado que o governo, confrontado com demandas cada vez maiores de dinheiro estatal, tem tido que alocar parcelas cada vez maiores de recursos — fundos extremamente necessários para outros fins — como subsídios para alimento.

Os que estão no poder compreenderam, muitas vezes, que esta tendência tem de parar. Em dezembro de 1970, Gomulka, Presidente do Partido Comunista entre 1956 e 1970, decretou que os preços dos alimentos fossem aumentados entre 50 e 100 por cento. Aumentos de preços desta magnitude eram considerados pelos consumidores, naturalmente, algo como uma catástrofe.

Os poloneses explodiram. Protestaram, fizeram demonstrações e foram à greve. Os trabalhadores nos grandes estaleiros do Báltico tomaram a dianteira e o furor atingiu tais proporções que se desenvolveu um fervor revolucionário — era uma situação tão crítica que só um maior "sacrifício" político poderia acalmá-la. Gomulka foi obrigado a resignar; foi substituído em janeiro de 1971 por Edward Gierek, e todos os planos de aumento de preços foram abandonados.

Gierek rapidamente restaurou a ordem com generosas promessas de alimento barato, maiores investimentos e crescente prosperidade. Com maciços novos empréstimos do Ocidente, estas promessas foram realmente cumpridas durante alguns anos.

Em 1975, porém, o custo dos subsídios dos alimentos tinha atingido um nível tal que consumia 25 por cento do orçamento nacional — uma quantia desmedida para um país pobre. Aumentos de preços radicais não podiam mais ser adiados. Estranhamente, todo o drama de 1970 foi repetido. No dia do início do verão, 24 de junho de 1975, o Primeiro Ministro Piotr Jaroszewicz anunciou que os preços iam ser aumentados de 60 a 100 por cento e, exatamente como de 1970, greves e demonstrações, com violentos tumultos, explodiram por todo o país. O governo foi forçado a uma nova retirada e a prometer que os preços permaneceriam imutáveis. Gierek, em um esforço acrobático, conseguiu manter-se na sela. Incrivelmente, Gierek foi bem sucedido, ainda uma vez, em mobilizar gigantescos créditos no Ocidente e a adiar o inevitável problema de déficits crescentes.

Mas a folgada estrada do crédito sempre chega a um fim e o potencial para mais créditos estrangeiros estará encerrado eventualmente. Na Polônia, este ponto foi atingido em 1980, quando um aumento de preços tornou-se inevitável. Pela terceira vez o drama foi reapresentado. Para acalmar as massas desesperadas, outro grande "sacrifício" político foi necessário e, desta vez, o Presidente do Partido, Gierek, foi obrigado a resignar. Seu sucessor, Stanislaw Kania, não conseguiu estabelecer o controle e as rédeas do poder passaram para as mãos dos militares. Em outubro de 1981, Kania também resignou; foi substituído pelo General Wojciech Jaruzelski.

Uma luta pelo poder se desenvolveu entre a junta militar de Jaruzelski e o sindicato independente Solidariedade, que tinha perto de 10 milhões de membros e tinha sido declarado legal pela Suprema Corte em novembro de 1980. Em face a um vulcânico levantamento civil, em 13 de dezembro de 1981, foi proclamado um estado de emergência, impondo a lei marcial e um toque de recolher. Milhares de líderes do Solidariedade foram presos e colocados em prisões e campos de concentração. Muitas vidas foram perdidas em confrontos entre trabalhadores e militares. Em outubro de 1982, o governo militar declarou o Solidariedade ilegal.

Em fevereiro de 1982, o governo se sentiu suficientemente forte para proclamar e executar aumentos de preços que tinham sido adiados por mais de uma década. De acordo com os relatórios oficiais, o custo de vida aumentou mais de 100 por cento; só os preços dos alimentos aumentaram 150 por cento. Foi, subseqüentemente, declarado que o padrão de vida tinha decaído 25 por cento durante o ano precedente.

Com a lei marcial em funcionamento, os poloneses não tinham escolha senão aceitar os aumentos de preços e apertar os cintos. Não havia mais uma grande demanda pelo alimento barato; as longas filas fora das lojas se tornaram menores e até desapareceram.

Os políticos de todo o mundo geralmente interpretam a usurpação do poder pelos militares, tal como na Polônia, como não democrático e injustificado, e, em alguns casos, tal interpretação é correta. Na Polônia, é óbvio que os que estavam no poder tinham, durante décadas, seguido uma política baseada em ilusão. Medidas e decisões necessárias que eram impopulares tinham sido continuamente adiadas. Essa política apenas preparou o caminho para a fome e o desastre nacional. Somente quando a situação tinha se tornado crítica é que os militares consideraram seu dever agir e realizar as reformas econômicas necessárias que, por tantos anos, tinham sido adiadas por governos "populistas" fracos.

Quando a lei marcial, proclamada em 13 de dezembro de 1981, foi oficialmente abolida em 22 de julho de 1983, essa medida foi apenas simbólica. A junta militar ainda mantém a Polônia e sua tênue economia com mão de ferro.

Uma receita socialista contra escassez de alimento

> Um estado do bem-estar descura-se, inteiramente, de que o mercado é um processo de informação e mobilização de conhecimento; negligência de dramáticas conseqüências. A Polônia é a melhor prova. Pela primeira vez, vemos uma nação industrializada ameaçada pela inanição.
>
> *Henri Lepage*, economista francês, 1983.

Em 1980, quando grandes importações polonesas de grão para forragem tiveram de ser suspensas porque o crédito não estava mais disponível, a produção de carros declinou rapidamente. O consumo anual de carne de boi e de porco ainda atingia 150 libras por pessoa em 1979. O número correspondente, em agosto de 1980, depois que o racionamento foi introduzido, foi de 95 libras; em dezembro desse ano, tinha caído para 79 e, um ano depois, em janeiro, de 1982, foi de 66 libras. As filas fora dos açougues indicavam que o suprimento era insuficiente, mesmo para essas rações reduzidas.

Cada vez mais a culpa da escassez de alimento era imputada aos camponeses, que eram acusados de "estocagem especulativa", na esperança de que a escassez iria forçar o governo a aumentar os preços. De acordo com as autoridades, menos da metade das quantidades de alimento, planejada e "prometida" pelos camponeses, foi entregue.

Como é comum nos estados socialistas, os preços dos alimentos, para o produtor, eram fixados a um baixo nível irracional. Nem a produção nem as entregas aos compradores do estado seriam estimuladas por preços tão baixos.

Se as autoridades tivessem escutado os sinais do mercado e os obedecido, teriam aumentado os preços. Mas, como as elevações de preço são impopulares, elas seguiram o padrão socialista tradicional e tentaram forçar os camponeses a produzir e entregar, embora as entregas compulsórias tivessem sido formalmente abolidas na Polônia em 1972.

Um dirigente comunista polonês, o professor J. B. Mazurkiewicz, diretor da Universidade de Ciências Sociais do partido, escreveu em um jornal do partido que as entregas compulsórias "são, provavelmente, o único meio de resolver o problema de alimento". Ele racionalizava sua conclusão dizendo: "Nós gradualmente reintroduzimos o princípio socialista do trabalho compulsório nas cidades e fábricas. Por que não aplicamos o mesmo princípio com os camponeses?" [11]

Declarações desse tipo são um mau presságio para a Polônia e levantam dúvidas se esses comunistas, cegos pelo dogma, são capazes de aprender com a experiência. A lição não foi aprendida, embora seja bastante simples: oprimir e explorar o camponês é reduzir a produção de alimento, tornar escasso o suprimento e preparar o caminhos para a destituição.

Em um paraíso de loucos de empréstimo

> Os marxistas têm de se convencer que o que aconteceu na União Soviética, na China, Cuba, Vietnam e, mais recentemente, na Polônia e na Iugoslávia, não é o resultado de erros ou falhas temporárias de simples líderes, mas uma conseqüência inevitável do sistema socialista.
>
> *Andres Küng*, economista sueco, 1982.

A dívida da Polônia com o Ocidente aumentou de $4 bilhões em 1974 para $26 bilhões em 1983. Com o auxílio de empréstimos maciços, Gierek foi capaz, durante muitos anos, de criar um crescimento econômico artificial, por meio de grandes investimentos e de produção e consumo rapidamente crescentes. Durante esses anos, ele foi, naturalmente, um líder popular.

Os poloneses viveram, porém, em um paraíso de loucos, e os problemas apareceram no fim da década de 1970. Não somente todos os recursos domésticos de capital tinham sido gastos, como também o crédito potencial do país no estrangeiro se tinha exaurido. Em março de 1981, a Polônia foi forçada a suspender o serviço da dívida e, depois de negociações com os credores, foi assinado um acordo pelo qual todos os pagamentos de amortização seriam adiados, embora os pagamentos dos juros devessem ser feitos.

Mas nem mesmo essas obrigações reduzidas puderam ser cumpridas e, em abril de 1982, um novo acordo foi assinado, garantindo o adiamento da maior parte do serviço da dívida por um período de até sete anos. Finalmente, em junho de 1982, o governo polonês informou a quinhentos bancos ocidentais que, sem novos créditos, os juros devidos em 1982 — $2 bilhões — não poderiam ser pagos; e, depois de novas negociações em agosto de 1983, praticamente todos os pagamentos devidos em 1983 foram adiados.

Na realidade, a Polônia, hoje, foi à bancarrota. A razão de não ter sido expedida uma declaração de falta de pagamento é que os credores não estão simplesmente querendo tomar medidas que os forcem a declarar direitos e relatar perdas tão grandes que a estabilidade da comunidade bancária venha a ser solapada.

Em 1983, a dívida da Polônia com quinze países e quinhentos bancos ocidentais totalizava $26 bilhões. O total das obrigações da dívida devidas em 1982 atingia aproximadamente $10 bilhões, enquanto as exportações da Polônia para o Oeste somavam apenas $5 bilhões. Isto significa que o serviço da dívida que a Polônia era obrigada a pagar chegava a 200 por cento do rendimento de sua exportação.

Um serviço de dívida igual a 20 por cento do rendimento da exportação é usualmente considerado o máximo que um país pode conseguir pagar sem a ajuda de um novo empréstimo. Esse limite foi excedido pela Polônia desde 1974. Obrigações semelhantes às que a Polônia tem na década de 1980 só podem ser pagas se forem obtidos novos créditos gigantescos. Está claro que uma nação seguindo essa espécie de política de crédito está vivendo muito além de suas possibilidades, consumindo e investindo muito mais do que é capaz de produzir com seus próprios recursos.

Na Polônia, o crescimento artificial de crédito significou que toda a indústria polonesa se adaptou a um contínuo suprimento de produtos importados e se tornou dependente deles. Quando os créditos externos cessaram em 1981, as importações polonesas tiveram de ser reduzidas drasticamente e severas dores da retirada atingiram a indústria polonesa.

As máquinas das fábricas eram largamente importadas do Ocidente e só podiam funcionar enquanto as partes sobressalentes pudessem ser importadas para sua manutenção e reparo. Ainda mais, a produção era, em grande escala, baseada em matérias primas e semimanufaturados importados do Oeste. Quando, em 1980, essas importações foram radicalmente reduzidas e, em 1981, chegaram ao fim em muitos setores, as conseqüências foram catastróficas. O total da produção (PNB) decresceu 2 por cento em 1979, 4 por cento em 1980, 13 em 1981 e 8 em 1982 — um total de decréscimo da produção, nesses quatro anos, de 25 por cento.

Não foi somente um estado de emergência e lei marcial que foram proclamados em dezembro de 1981, mas o trabalho foi decretado compulsório e expedida uma proibição geral de greves. Esse dever de trabalhar — um eufemismo para trabalho forçado — aplicava-se a todos os homens entre as idades de dezoito a cinqüenta e cinco anos. Severa disciplina militar prevalecia em todos os locais de trabalho. Um sistema socialista funciona melhor com o auxílio da força e do terror; durante os regimes mais brandos de Gierek e Kania, o resultado tinha sido o caos. Somente com a lei marcial a ordem socialista pôde ser restaurada.

TABELA 4

Aumento da dívida externa da Polônia, 1973-1980

Item	1973	1974	1975	1976	1977	1978	1979	1980
Dívida total (em bilhões de dólares)	3	5	8	11	14	17	23	27
Serviço da dívida — obrigação (em bilhões de dólares)	0,5	1,0	1,5	2,1	3,1	4,5	6,3	8,0
Serviço da dívida — obrigação (porcentagem do PNB)	15	20	25	35	45	60	75	80

Fonte: De um relatório sobre a situação econômica publicado em julho 1981 pelo Ministério da Fazenda, Varsóvia. Os números incluem as obrigações com o Ocidente e com o Leste.

O conceito de socialismo "democrático"

> "Liberal socialismo", como a maioria dos povos do mundo ocidental o compreendem, é puramente teórico, enquanto o socialismo prático é totalitário em todos os lugares.
>
> *F. A. Hayek*, 1945.

Os desenvolvimentos políticos na Polônia, do fim da II Guerra Mundial a dezembro de 1981, produziram uma espécie de socialismo "democrático" populista. Enquanto em estados socialistas como a União Soviética, em que há uma ditadura policial e militar, o povo deve, passivamente, aceitar os decretos do regime, o povo polonês teve oportunidades de expressar sentimentos de insatisfação e protestos e expressou-se tão energicamente que, continuamente, o governo foi forçado a retroceder de posições e declarações anteriores.

Os aumentos de preços nos mercados livres acontecem dia após dia, em pequenos valores aceitos pelos consumidores, enquanto, como regra, os preços controlados politicamente nas economias socialistas são mantidos constantes por longos períodos, por décadas muitas vezes. Quando se otrna necessário aumentar salários e preços do produtor, tensões econômicas intoleráveis são criadas eventualmente e, mais cedo ou mais tarde, os preços para o consumidor devem ser também aumentados. Uma vez que a necessidade de elevação de preço pode se acumular por muitos anos em uma economia socialista, os aumentos são, muitas vezes, de 50 a 100 por cento em um simples golpe. Os consumidores, naturalmente, acham essas explosões de preços insuportáveis; na Polônia, sua reação foi tão potencialmente "revolucionária" que sucessivos governos foram forçados a recuar.

O socialismo "democrático" é programado com um padrão desenvolvimentista, um caminho seguido até o amargo fim na Polônia. Torna-se um sistema político extremamente instável, condenado a um rápido solapso e posse pelos militares. Os acontecimentos na Polônia — tal como na Tcheco-Eslováquia em 1968 — foram inteiramente lógicos.

Um sistema de mercado é, fundamentalmente, um sistema não violento; os preços são determinados pela relação entre a oferta e a demanda e os compradores e vendedores negociam livremente as transações. Mas um sistema socialista é construído inteiramente na coerção. Num estado socialista, o povo é proibido de agir livremente como produtor e consumidor, comprador e vendedor, impedido de negociar e chegar a acordos sobre emprego, salários, produção, preços e quantidades. Toda a produção e venda deve se realizar sob condições estipuladas pelo governo, que não poderiam ser impostas um único dia sem a ameaça de repressão brutal contra cidadãos desobedientes. A punição "capital" ainda é uma pena soviética normal em crimes econômicos — "crimes contra o estado". Em abril de 1982, por exemplo, um antigo ministro soviético da pesca foi sumariamente executado por corrupção.

Nunca o socialismo na União Soviética funcionou tão bem como sob o reino de terror de Stalin. A disciplina na indústria e na sociedade era total. A produção aumentava firmemente, e o país desenvolvia uma força combatente militar que surpreendeu a todos — não menos a Hitler.

Apesar dos graus de disciplina que podem ser impostos, são os conceitos básicos das economias socialistas que são invalidados e permanecem sem direção. O fato é que, mais cedo ou mais tarde, a política do alimento barato, unânime e energicamente procurada e apoiada pela população não agrária, só pode conduzir a perigosas reduções de produção e oferta de alimento. Mas, como a pressão pela comida barata é forte, principalmente em um sistema que permite alguma expressão popular, a política de preços autodestrutiva é muitas vezes continuada até o amargo fim. Nunca ninguém diz ao público a verdade sobre a política — por isso a nação a segue em sã consciência.

Quando, no fim de 1981, surgiram severas faltas de alimento na Polônia, os sindicatos independentes da organização Solidariedade — como representantes dos consumidores — ameaçaram fazer uma greve geral para enfatizar suas exigências por alimento barato e suficiente. A própria ameaça demonstrava a inabilidade e ignorância do público de compreender as causas reais da escassez e de sua própria fome. Uma greve geral teria, de fato, piorado, e não melhorado, a situação de suprimento. Antes, porém, que a greve fosse iniciada, os militares tomaram o controle. Depois de fevereiro de 1982, quando o governo militar elevou drasticamente tanto os preços para o consumidor como os do produtor, a situação do suprimento começou a melhorar. Mas os problemas continuam e a roda continua a girar. Fazendo face a novos aumentos de preços em 1984 — urgentemente necessários para evitar faltas ainda piores — os dois campeões do povo, a Igreja e o Solidariedade, tornaram conhecidas as suas queixas. Apesar dos protestos, os aumentos de preços foram efetivados a 31 de janeiro de 1984.

Preços políticos e desperdício

> As revoluções marxistas conduzem a resultados completamente diferentes dos nobres propósitos dos pioneiros revolucionários.
>
> *Arthur Koestler*, 1945.

Nos mercados livres, os preços ficarão em níveis nos quais as quantidades ofertadas e procuradas são aproximadamente iguais; nesses mercados equilibrados, não ocorrem nem escassez nem excedentes. Na Polônia, os preços de alimentos, politicamente determinados, eram regularmente estabelecidos abaixo do nível de equilíbrio. Como conseqüência, a procura excedia a oferta, tendo a escassez como resultado. Quando o alimento está com pouca oferta e o racionamento não foi introduzido, o povo entrará em filas para comprar o que estiver disponível; nos recentes anos, as filas fora dos armazéns têm sido um quadro "normal" da vida nas ruas polonesas. Em regra, o público não consegue compreender que preços baixos, politicamente determinados, inevitavelmente criam escassez.

Enquanto os preços altos estimulam a economia, os baixos encorajam a extravagância. Na primavera de 1981, na Polônia, uma forma de pão preto de centeio, de 800 gramas, ainda era vendida por quatro zlotys — aproximadamente dez centavos de dólar —, o que significava que cada um pensava que podia comer pão recentemente feito. Como na União Soviética, o pão que não é comido no dia em que foi comprado é, muitas vezes, jogado fora e o que não foi vendido no dia em que foi feito é usado como forragem. E, por causa dos grandes subsídios, o preço do pão na Polônia tem sido, como regra, mais baixo que o de grão para forragem. Nessas circunstâncias, os camponeses com lotes privados, têm sido tentados a usar o pão como forragem, apesar das proibições legais contra isso. Surgiu uma situação completamente absurda em que o gado era alimentado com pão, enquanto alguns consumidores — os últimos da fila — em frente às lojas vazias, tinham que ficar sem ele.

Semelhantemente, os preços extraordinariamente baixos da carne — em 1980 uma libra de carne ainda custava mais ou menos 68 centavos — estimularam um consumo excessivo. Durante os últimos dez ou quinze anos, o consumo de boi ou porco, "per capita", tem sido maior na Polônia que na Suécia: já em 1970, 112 libras por pessoa eram consumidas na Polônia, comparadas com 110 na Suécia; em 1979, os totais aumentaram para 150 libras na Polônia e 121 na Suécia. [12]

Somente em alguns dos mais ricos países do mundo o povo podia dar-se ao luxo de consumir tanta carne como faziam na Polônia. E a Polônia não é um país rico. Somente por meio de preços politicamente manipulados e às custas de outros consumos, de investimentos reduzidos ou de pesados empréstimos estrangeiros podia ser mantido este luxuoso consumo.

No mercado livre, os preços são normalmente proporcionais aos custos de produção, enquanto em economias socialistas os desvios podem ser enormes. Qualquer que seja a forma como os preços são manipulados, contudo, os custos reais da produção têm de ser pagos, de uma forma ou outra. Quando os bens são vendidos aos consumidores, na Polônia, por uma fração de seus preços de produção reais, outros custos são normalmente pagos pelos consumidores sob a forma de baixos padrões em outro lugar.

Uma parte substancial dos custos reais na Polônia parece ter sido paga por países ocidentais, sob a forma de empréstimos feitos por bancos comerciais e centrais. Por causa da bancarrota do estado polonês, estes empréstimos muito provavelmente nunca serão pagos.

Em 1981, perto de 50 por cento do orçamento nacional polonês foi para subsídio de alimento, dando grande incentivo de consumo de luxo e desperdício. Para um país pobre como a Polônia, tal distribuição parece irracional. Os recursos usados para isso eram, de fato, profundamente necessários para investimento em uma indústria primitiva e atrasada. A Polônia é um país socialista com uma economia dita planejada. Uma economia que esposa políticas como as descritas aqui pode realmente ser chamada de planejada?

Distribuição por preços, cupões e filas

> Em um país onde os escritores são silenciados e mandados para o exílio, você inevitavelmente encontrará donas-de-casa em filas à porta das lojas.
>
> *Michel Tournier*, autor francês, 1982.

Para garantir um suprimento adequado de alimento em um país, os camponeses devem ter garantidos incentivos adequados para produzir. Mas nenhuma quantidade de produção será suficiente com a ausência de um sistema de distribuição racional.

Em um país com mercados livres, a distribuição é assegurada pela ação dos livres preços. Uma vez que cada fonte seja limitada, cada sistema de distribuição deve conter alguma forma de sistema de racionamento para controlar o consumo. Em uma economia de mercado, o teto nas compras — e consumo — é estabelecido pelas rendas limitadas — "racionando pela bolsa". Em estados socialistas, com preços decididos politicamente, essa espécie de sistema de distribuição é rejeitada. Ali, os preços para o consumidor são, em regra, estabelecidos abaixo do nível de equilíbrio, um nível em que a escassez é inevitável.

Teoricamente, a distribuição em tais economias podia ser realizada por meio de cupões de racionamento. Como indica a experiência, contudo, o desgosto dos consumidores pelas pequenas rações é tão forte quanto o que sentem por aumentos de preços e por preços altos. Por isso, as pressões dos consumidores têm, em geral, obrigado os que estão no poder a recuar de suas pequenas rações e dar outras cuja soma excedia o suprimento. Se a demanda excede a oferta, porque as rações são tão grandes, alguns consumidores não receberão nenhuma ração. Quais os que ficarão nessa situação, será determinado pela sua posição nas filas à porta das lojas.

Até aos drásticos aumentos de preço em fevereiro de 1982, a distribuição de alimento na Polônia foi grandemente determinada desta maneira. Além do fato de que ficar em pé nas filas, representa uma enorme perda de tempo pessoal e de capacidade de trabalho, perda particularmente absurda em um país pobre, ela é uma forma profundamente anti-social de distribuição. Os que são fortes, saudáveis e capazes de se levantar cedo pela manhã — ou até antes da manhã — conseguirão os lugares no princípio da fila e terão uma oportunidade de comprar. E, por causa dos baixos preços, os compradores que chegam ao balcão muitas vezes compram mais do que fariam em outra situação.

Uma sociedade que distribui desta maneira é, na realidade, uma sociedade classista, com uma classe privilegiada consumindo mais do que necessita e uma classe desprivilegiada, consumindo pouco ou nada. Muitos pais de crianças pequenas não podem ficar em filas, outros são impedidos de fazê-lo por causa de seus trabalhos, e ainda outros não o podem por causa de saúde precária, deficiências ou velhice.

Mas, mesmo para os saudáveis, ficar em pé em filas por muitas horas é uma provação. Uma vez que tem de ser feito com todas as condições meteorológicas, pode ser uma ameaça à saúde do consumidor. Um sistema de distribuição que force o povo a perder quantidades injustas de tempo e força e até o obrigue a arriscar sua saúde, deve ser considerado um sistema desumano e anti-social.

Auxílio do estrangeiro

> A crise econômica polonesa e o total e conspícuo colapso do sistema político devem ser interpretados como a primeira convulsão fatal do Império Soviético, o primeiro estágio da decadência de todo o bloco de Leste.
>
> *Jacek Kuron*, líder do Solidariedade, em uma mensagem da prisão em maio de 1982.

A crise que se desenvolveu na Polônia em 1981 foi uma crise econômica geral, que não afetou somente o setor do suprimento de alimentos. Virtualmente, nada continuou a funcionar. A produção industrial foi reduzida catastroficamente. Os hospitais não conseguiram mais obter os remédios e o equipamento que precisavam. Famílias com crianças pequenas encontraram dificuldades de obter leite fresco ou mesmo em pó para seus bebês.

O que está acontecendo hoje na Polônia é, muito simplesmente, o desmoronar de um sistema socialista. A produção e a distribuição estão tão severamente perturbadas que as necessidades básicas não podem ser satisfeitas. De fato, desde o fim da década de 1970, carregamentos de auxílio do estrangeiro foram requisitados e mobilizados.

No início da década de 1920, o primeiro estado socialista do mundo, a União Soviética, precisou desesperadamente e recebeu socorro estrangeiro de todas as partes do mundo e, assim, milhões de vidas foram salvas. No princípio da década de 1980, um outro estado socialista, a Polônia, em uma situação semelhante, precisou e recebeu volumoso auxílio estrangeiro.

Organizações como a Cruz Vermelha e Salve as Crianças tomaram a dianteira e o estado de espírito geral para auxiliar era tão grande que essas organizações foram inundadas com presentes. Durante os primeiros nove meses de 1982, não menos de 325.000 pacotes de alimentos, roupas e outras necessidades foram enviadas da Suécia para as áreas do desastre.

O fato de que a escassez e as necessidades polonesas eram, quase sempre, interpretadas como resultados de algumas espécies de desastre natural deu um incentivo extra à vontade de auxiliar das comunidades estrangeiras. E, independentemente das causas reais da crise, a necessidade era real. Mesmo se fosse compreendido que os que sofriam eram vítimas de um desastre que eles mesmos ajudaram a acontecer, isto não alteraria o fato de que a ajuda era necessária. O que se espera para a Polônia é que o sistema socialista venha a ser eventualmente substituído por um melhor que empregue os ricos recursos da nação para sua vantagem e que lhe permita viver sem grandes carregamentos de ajuda do estrangeiro.

CAPÍTULO 4

ROMÊNIA

Apenas o homem tem o poder para fazer um menos de um mais.

Alfred Adler, psiquiatra austríaco, 1928.

A crise romena e suas raízes

A história demonstrará a superioridade inerente do socialismo.

Karl Marx, 1848.

A Romênia, com uma população de 22 milhões de pessoas, 2 milhões das quais na capital, Bucarest, tem uma agricultura privada substancial: 15 por cento das terras aráveis, metade do gado bovino e um terço dos porcos são encontrados no setor privado. A agricultura privada, de fato, produz metade dos ovos, batatas e frutos e 40 por cento da carne e dos vegetais vendidos nos mercados. O resto vem das fazendas coletivas.

Os camponeses na Romênia — como seus irmãos em outros países socialistas — sofrem uma política agrária que destruiu sistematicamente o ambiente empresarial, matando os incentivos à produção. A conseqüência inevitável de uma tal política, uma escassez de produção, foi notada em primeiro lugar em larga escala em 1977. Em agosto daquele ano, 35.000 mineiros entraram em greve contra as pobres condições de trabalho e escassez de alimento, especialmente carne. Deve-se notar que esta situação se desenvolveu em um antigo país agrário que — como a Rússia e a Polônia — tinha sido um dos celeiros da Europa.

Durante os primeiros anos da escassez, o grupo no poder conseguiu satisfazer a necessidade de comida, garantindo grandes empréstimos e importações estrangeiras, política que trouxe um alívio temporário mas que não resolveu nada. Nos poucos anos em seguida, o governo seguiu uma linha oportunista de menor resistência, enquanto as dificuldades continuaram a se acumular. As pequenas colheitas de 1980 e 1981, combinadas com o declínio das importações, criaram uma aguda crise de alimento.

Em janeiro de 1981, o Presidente Nicolau Ceausescu apresentou o problema em um discurso público. De acordo com o padrão político aceito, ele, o homem principalmente responsável pela política que tinha criado a crise, culpou os subordinados políticos na administração agrícola pelas falhas da safra, pelos baixos rendimentos, pela má organização e por assumir responsabilidade inadequada. Um mês mais tarde, porém, ele foi forçado a admitir que a agricultura romena tinha sido seriamente descuidada — uma auto-crítica sem precedentes. Ao mesmo tempo, foi obrigado a prometer um plano para "revolucionar" a política agrária, dentro do período de 1981 a 1985.

Apesar das promessas, o período se iniciou com ainda outro fracasso da safra e uma escassez tão aguda que o alimento básico teve de ser racionado. Em tais situações, o povo se inclina a estocar, intensificando, assim, a escassez. Naturalmente, o regime viu a oportunidade de culpar os que estocavam pela escassez, ameaçando-os com prisão de até cinco anos. A fim de aplacar a ira e o desapontamento populares, tinha que ser encontrado um bode expiatório, e Angelo Miculescu, ministro da agricultura, foi demitido em setembro de 1981.

Enquanto a Polônia estava sofrendo a mais severa crise econômica, dentro do bloco de Leste, a Romênia está apostando por um segundo lugar bem próximo. O jornalista sueco Richard Swartz apresentou o seguinte relatório sobre a Romênia durante o inverno de 1981-1982:

> Este é o mais árduo inverno que já tivemos desde a guerra. Congelamos, e muitos de nós não têm o suficiente para comer. O pessimismo domina em todas as conversações

particulares na Romênia. O povo critica bastante e tem uma visão do futuro, mas, em lealdade às tradições romenas, a grande maioria engole sua raiva — aqui não há nenhuma agitação política como a que caracterizou a situação na Polônia muito antes de agosto de 1980. A insatisfação aparece, de fato, como um escape nas filas, maiores do que nunca, e formando-se tão logo uma entrega de bens chega a uma loja. Em regra — tal como na União Soviética —, a capital Bucarest está com muito melhores estoques que as províncias. Todos os que se preparam para se levantar ao amanhecer e permanecer por muitas horas nas filas, com um pouco de sorte, podem até conseguir carne. [13]

Em um artigo posterior, Swartz apresenta as mais insidiosas raízes do problema romeno — um aperto de nepotismo ditatorial praticado pela família Ceausescu:

> As rachaduras da fachada têm tornado ainda maior parte da realidade visível e, assim, o regime mais vulnerável. Por meio de grande expurgo político, Ceausescu tem tentado remendar a fachada e conservar seu próprio monopólio de poder. Ultimamente cada vez mais poder tem sido abertamente concentrado nas mãos da família. Nicolau Ceausescu é Secretário Geral do Partido, presidente e Comandante Supremo do Exército. Sua mulher, Elena, é Primeira Vice-Primeiro Ministro e Presidente de uma Comissão do Partido para funcionários e membros do Partido e do Estado (na prática um gerente onipotente). O filho, Nicu, é Presidente da Seção da juventude do Partido; a irmã de Elena, Alexandria Gainuse, é Vice-Primeira Ministra e membro do Comitê Executivo do Partido; o irmão de Elena, George Petrescu, é Vice-Primeiro Ministro e Ministro da Indústria. Podem ser encontrados mais Vice-Primeiros Ministros entre os irmãos de Nicolau Ceausescu, enquanto alguns altos funcionários como Manea Manescu, Ion Ionita e Janos Fazekas, todos por laços de família, são ligados ao clã Ceausescu. [14]

Política de preços romena

> Um governo que rouba de Pedro para pagar a Paulo, pode, em regra, planejar com o apoio de Paulo.
>
> *George Bernard Shaw,* 1925.

Seguindo padrões socialistas tradicionais, os preços de alimento na Romênia foram mantidos estáveis durante décadas, uma estabilidade só possível de se conseguir à custa de subsídios estatais constantemente crescentes. Pelo menos o pão se tornou mais barato que o grão de forragens e, como na Polônia, o governo foi forçado a recorrer à punição brutal para fazer os camponeses pararem de alimentar o gado com pão.

É contra este fundo que devem ser observados os amargos remédios que o povo romeno foi forçado a engolir em fevereiro de 1982 — aumentos de preços de 50 a 100 por cento em todos os alimentos básicos. Dificilmente será por mero acidente que os preços foram elevados tão drasticamente na Polônia, no mesmo mês.

De acordo com a política socialista usual, os consumidores romenos tinham tido alimento barato às expensas dos produtores. O aumento dos preços ao consumidor foi um passo na direção certa a fim de controlar o consumo de luxo, mas não foi suficiente como medicinal. Os preços exploradores pagos aos camponeses tinham que ser também substancialmente elevados a fim de estimular a produção.

De fato, maiores preços para o produtor tinham sido prometidos em janeiro de 1982 e, alguns meses mais tarde, as promessas foram cumpridas. A questão decisiva, porém, é se os aumentos foram bastante grandes para dar aos camponeses fortes incentivos para aumentar a produção. Vezes demais no passado, as promessas do governo de melhores condições para os camponeses tinham sido meras frases.

Política de empréstimos romena

> A política não é uma ciência exata.
>
> *Otto von Bismarck*, 1863.

Desde o princípio da década de 1960, a Romênia seguiu uma política claramente independente em relação à União Soviética, baseada no sentimento nacionalista e recusou integrar a economia do país na do bloco de Leste. Depois da escassez debilitante de alimento dos recentes últimos anos e da necessidade sempre crescente de auxílio estrangeiro, não resta muito desta atitude independente. É relevante o fato de que, durante a década de 1972 a 1982, a Romênia era o único membro do Pacto de Varsóvia pertencente ao Fundo Monetário Internacional (FMI). Seu principal motivo para participar era o desejo de poder pedir empréstimos na extensa possibilidade do FMI. De 1972 ao início de 1982, a Romênia recebeu créditos de $ 1,3 bilhão; estes empréstimos foram seguidos. no verão de 1982, pela promessa de um adicional de $ 1,5 bilhão. Como condição para o empréstimo, contudo, o FMI exigiu uma reorganização radical da política econômica que deu origem à crise; suas exigências incluíam os aumentos de preço descritos anteriormente.

Hoje, a Romênia, como a Polônia, exauriu quase todo o seu crédito potencial estrangeiro. No início de 1982, sua dívida total ao Ocidente somava mais de $ 10 bilhões, dívida que corresponde a obrigações de pagamento que o país é, possivelmente, incapaz de satisfazer. Em anos recentes, a Romênia tornou-se notória no comércio internacional pelos pagamentos lentos e falhos e, em setembro de 1981 — seis meses após a Polônia — este país socialista atingiu o fim da estrada do crédito e teve de solicitar moratória. Em julho de 1982 uma nova e semelhante solicitação teve de ser feita referente ao pagamento de obrigações de $ 2 bilhões e, em 1983 seguiram-se novos pedidos. Anteriormente, o país tinha podido fazer face às obrigações de pagamento por meio de novos empréstimos. Quando esta fonte secou, uma crise de liquidez foi inevitável. Na realidade, a crise significava bancarrota nacional, mesmo se nenhum dos bancos e países credores quisessem uma declaração oficial de falta de pagamento.

Para um país em que tanto a produção quanto o consumo estão adaptados a um contínuo suprimento de bens de importação financiados por empréstimos, a cessação do crédito deve ter severas conseqüências. As importações devem ser reduzidas a um volume que possa ser pago pelas próprias exportações do país e, como a produção de bens de exportação é dificultada pela cessação das entregas de combustível, matérias primas, semimanufaturados e sobressalentes, a redução tem de ser drástica.

Como a própria produção de óleo da Romênia — de fontes muito ricas — satisfazia menos da metade de suas necessidades, a produção de energia sofreu um severo choque quando as importações de óleo, mesmo as da União Soviética, foram reduzidas. Em conseqüência, o suprimento de eletricidade teve de ser cortado por várias horas por dia.

Na primavera de 1982, os líderes romenos declararam que, no futuro, o país tinha de apertar o cinto, ficar sobre seus próprios pés e dispensar empréstimos exteriores para investimentos. Como os créditos potenciais estrangeiros estavam terminados, os líderes estavam, de fato, fazendo da necessidade uma virtude.

Contudo, ao fim de 1983, nenhuma mudança para melhor podia ser observada. A maior parte dos alimentos e mercadorias estavam racionados, mas, nem mesmo as pequenas rações podiam ser entregues. As filas fora das lojas eram maiores do que nunca e muita gente ficou faminta.

CAPÍTULO 5

TCHECO-ESLOVÁQUIA

> Nenhum dos males que o totalitarismo diz que cura é pior que o próprio totalitarismo.
>
> *Albert Camus,* 1956.

Mais cedo ou mais tarde uma crise deve vir

> Para um comunista, pedir emprestado aos capitalistas é semelhante ao caso de um cristão vendendo sua alma ao diabo.
>
> *Vasil Bilak,* Secretário do Partido Tcheco, 1981.

Na Tcheco-Eslováquia, com seus 15 milhões de habitantes, 1,2 milhões vivendo na capital, Praga, a agricultura privada foi forçadamente reduzida e é, hoje, pouco significativa. Depois de terem sido proibidos durante trinta anos, porém, "mercados kolkhozes" — mercados livres em que os camponeses podem vender os excedentes de seus lotes privados — foram permitidos funcionar novamente em abril de 1982. Ao mesmo tempo, as possibilidades do povo arrendar lotes privados com áreas de até um acre foram ampliadas. Essas retiradas ideológicas eram sintomas óbvios de uma crise em desenvolvimento.

Depois da posse comunista em 1948, a agricultura tcheca foi socializada e convertida em fazendas estatais e coletivas. Depois de um período de transição difícil, a produção de alimento parecia, eventualmente, desenvolver-se mais ou menos satisfatoriamente. Os líderes políticos na Tcheco-Eslováquia pareciam ter uma maior compreensão da necessidade de incentivos pelos produtores agrários do que seus colegas da maioria dos outros países socialistas, o que justifica o fato de que, por um longo período, a Tcheco-Eslováquia teve suprimentos suficientes de alimento.

Mas a política agrícola era ainda uma política socialista, sob a qual os camponeses eram um grupo de fora, e, mais cedo ou mais tarde, esta política ia conduzir ao enfraquecimento de seus incentivos para produzir e preparar o caminho para uma crise de suprimento de alimento. Na Tcheco-Eslováquia, isto não aconteceu até 1976, depois de uma fraca colheita, um revés que foi interpretado como temporário e, naturalmente, imputado às condições meteorológicas. O fracasso, porém, foi tão grande que um bode expiatório tinha de ser sacrificado e, em setembro de 1976, o ministro da agricultura, Bohuslav Vecera, foi forçado a resignar.

De alguma forma, os que estavam no poder aprenderam lições do revés e deram aos camponeses condições mais favoráveis do que gozavam anteriormente, tão mais favoráveis que a produção e o suprimento foram suficientes por mais cinco anos. Mas, em 1981, uma colheita fraca produziu uma nova crise e esta não pôde ser posta de lado como um revés temporário por culpa das condições meteorológicas. Um novo plano para a política agrícola foi obviamente apresentado. Em fevereiro de 1982, os preços dos alimentos foram aumentados substancialmente — os de alimentos básicos como a carne e o arroz, até de 100 por cento. Terá sido um mero acidente que tais aumentos de preços tenham vindo ao mesmo tempo que elevações de preços semelhantes na Polônia e na Romênia?

A Tcheco-Eslováquia também foi atingida por reações em cadeia de países vizinhos. Entregas de eletricidade da Romênia foram interrompidas e carregamentos de carvão da Polônia foram substancialmente reduzidos. Ao fim de 1981, o preço do óleo teve de ser aumentado de 75 por cento e o da gasolina, de 20 por cento e, tanto a eletricidade como a gasolina tiveram de ser racionadas, de certa forma.

Apesar do fato de que 1981 foi, na Tcheco-Eslováquia, o ano mais pobre desde 1948, um ano em que a deficiência da safra foi tão severa que foi necessária a reorganização da política econômica, o governo tcheco-eslovaco recusou-se a diminuir o cerrado controle central a um ponto como o que foi feito na Hungria, por exemplo. E dois terços do comércio exterior da Tcheco-Eslováquia ainda se realiza dentro do Conselho Comunista para a Assistência Econômica (Comecon), o mercado comum do bloco soviético.

De certa maneira, a política tcheca difere da maioria dos outros países socialistas: os tchecos recusaram resolver suas crises e sua escassez com empréstimos estrangeiros. No princípio de 1982, a dívida da Tcheco-Eslováquia ao mundo ocidental totalizava $ 3 bilhões, decididamente menor que a da maioria dos outros países socialistas.

Socialismo com uma face humana

> O comunismo é a mais bem sucedida variante do fascismo, o fascismo com uma face humana.
>
> *Susan Sontag*, 1982.

Memórias amargas de 1968 têm muito que ver com a recusa do governo tcheco em afrouxar os laços da ditadura que seguram a indústria e o povo da Tcheco-Eslováquia. Apesar do alto grau de desenvolvimento industrial herdado pelo regime comunista quando tomou o poder em 1948, a produção industrial não correspondeu às expectativas. No fim da década de 1960, a insatisfação em relação à estagnação econômica estava crescendo e a demanda por uma revisão radical da política econômica tcheca levou a uma revolução palaciana em janeiro de 1968, na qual Antonin Novotny, secretário geral do partido desde 1957, foi deposto e substituído por Alexander Dubcek.

Os novos líderes tentaram estimular a produção seguindo uma política de liberalização, na realidade envolvendo um certo grau de dessocialização. A nova política foi entusiasticamente descrita por advogados domésticos — e simpatizantes estrangeiros — com expressões como "socialismo democrático" e "socialismo com uma face humana". Os líderes socialistas tanto da Iugoslávia como da Romênia, de formas diferentes, expressaram suas simpatias com o novo regime e sua política econômica. Os homens no poder na União Soviética breve verificaram, porém, que a nova política econômica na Tcheco-

Eslováquia dificilmente poderia ser interpretada como uma nova versão de socialismo (como na Iugoslávia), mas, ao contrário, significava uma retirada e o abandono do socialismo. Quando o novo governo tcheco recusou, apesar das severas pressões diplomáticas soviéticas, mudar a sua orientação, as forças soviéticas invadiram a Tcheco-Eslováquia em agosto de 1968 — obedecendo a uma política mais tarde chamada de doutrina Brezhnev. As forças soviéticas foram apoiadas por tropas búlgaras, polonesas, húngaras e alemãs orientais, mas nenhuma romena. Os irmãos tchecos, que tinham saído do caminho, foram rapidamente reconduzidos de volta ao curral socialista, enquanto as prisões foram cheias por dissidentes e oponentes políticos, muitos dos quais ainda estão lá.

Quando a experiência de 1968 com o socialismo democrático falhou na Tcheco-Eslováquia, o fracasso não foi, de fato, acidental. Sem a força, nenhum projeto ou sistema socialista pode ser posto em prática. Todos os sonhos de socialismo democrático são — e serão — tão utópicos como os de um "socialismo com uma face humana". Tentar fazer funcionar o socialismo democrático é como tentar equilibrar uma pirâmide sobre seu cume.

CAPÍTULO 6

IUGOSLÁVIA

Entre os países socialistas de hoje, só a Iugoslávia pode ser classificada como próxima de democrática.

C. H. Hermansson, antigo Presidente do Partido Comunista Sueco, 1981.

Crise com livramento retardado

Estamos sofrendo de sérias deficiências econômicas e está na hora de uma reconstrução da política econômica. Muitas pessoas ainda não se convenceram da profundidade do abismo de que estamos nos aproximando.

Lazar Mojsov, Presidente do Partido Comunista Iugoslavo, 1981.

Na Iugoslávia, um país com uma população de 22 milhões, 800 mil vivendo no capital Belgrado, a agricultura privada domina claramente. Quando o Partido Comunista, sob a direção de Tito, assumiu o poder depois da II Guerra Mundial, todas as maiores fazendas e propriedades foram socializadas, sem compensação para seus donos e foram ou reunidas em grandes fazendas ou divididas em pequenas fazendas. Com exclusão das fazendas estatais, a agricultura foi, mais tarde, "voluntariamente" consolidada em fazendas coletivas, seguindo o modelo soviético.

Por várias razões, uma separação política da União Soviética, sob o governo de Stalin, realizou-se em 1948 e, depois dessa época, a Iugoslávia seguiu seu próprio caminho. Em conseqüência, o modelo socialista soviético foi abandonado, tanto na agricultura como na indústria. A agricultura foi dessocializada. Em 1951, as fazendas coletivas foram dissolvidas e as pequenas fazendas originais foram, depois de certos ajustes, devolvidas aos seus antigos proprietários. As grandes fazendas estatais foram preservadas, além de um sistema de pequenas fazendas privadas, cada uma tendo, no máximo, 10 hectares de terra arável. Depois dessa revisão do sistema, 4 milhões de camponeses possuíam 85 por cento da terra arável e 90 por cento do gado.

Depois de uma lei de 1950, referente a conselhos de trabalhadores, as empresas industriais, que tinham sido socializadas, foram reorganizadas como corporações controladas pelos empregados — outro afastamento radical do modelo soviético. O novo sistema é, em princípio, descentralizado, mas o partido comunista (com 2 milhões de membros) nunca diminuiu seu domínio sobre a economia. Hoje, cerca de 95 por cento dos membros dos conselhos de trabalhadores são membros do partido, o que significa que as diferenças reais entre os sistemas soviético e iugoslavo são muito menores na prática que na teoria.

Como descrito anteriormente, os socialistas no poder são obcecados em dar alimento barato aos seus apoios políticos — as populações industriais e urbanas — e, como normalmente, o fazem às expansas dos camponeses. Na Iugoslávia, os baixos preços foram estabelecidos, mas não tanto quanto na União Soviética e na Polônia, por exemplo. Por causa dos melhores preços, a oferta de alimento foi, durante muitos anos, decididamente melhor na Iugoslávia que na maioria dos outros países socialistas. Durante certo número de anos, os turistas que visitaram a Iugoslávia tinham voltado para casa com relatos de um "próspero" país, em que as lojas estavam bem supridas. Apesar disso, porém, a renda dos camponeses permanecia mais baixa do que se os mercados fossem livres, e, assim, os camponeses estavam, na verdade, privados de fundos que os permitiriam modernizar suas fazendas, do mesmo modo que seus colegas do Ocidente eram capazes. Quase um terço da população ainda está empregada na agricultura, parcela que caracteriza a Iugoslávia como um país pouco desenvolvido.

A escassez de alimento, que com certeza se desenvolve, mais cedo ou mais tarde, nos países socialistas, foi adiada por alguns anos na Iugoslávia, mas chegou, eventualmente. Em 1979, a fartura foi substituída por escassez de alimentos e outras mercadorias, uma crise que tem, desde então, se tornado constantemente pior, com filas cada vez mais longas fora das lojas. O país, que, antes da II Guerra Mundial, era um celeiro com excedentes substanciais para exportação, está, hoje, incapacitado de alimentar seu próprio povo. Mesmo na Iugoslávia, o socialismo demonstrou, mais uma vez, uma capacidade de transformar um mais em um menos.

A atual crise econômica geral na Iugoslávia demonstrou claramente as falhas do sistema socialista. Apesar do fato de que aproximadamente um milhão de iugoslavos tenham fugido do desemprego em casa e hoje trabalham no estrangeiro, entre 12 e 15 por cento da restante força de trabalho estavam desempregados em 1982, a maior taxa de desemprego em qualquer país europeu naquela época. Outro sombrio recorde mantido pela Iugoslávia é a deterioração da moeda: em 1980 e 1981, a taxa anual da inflação era de 40 por cento, enquanto em 1982 ela tinha descido para "apenas" 35 por cento.

A seriedade da crise é demonstrada pelo fato de que o padrão de vida, durante 1979 e 1983, é dado como tendo piorado de mais de 25 por cento. Em outubro de 1982, a crise tinha se tornado tão severa que, com a aproximação do inverno, um ainda maior aperto de cinto era necessário. Drásticas medidas foram tomadas no racionamento de gasolina e eletricidade e foi anunciado que o povo tinha de satisfazer-se com menos combustível e temperaturas mais baixas em casa. Mercadorias como o café e detergentes foram racionados também.

Dores da retirada do crédito

> Os que os deuses iriam destruir, primeiro tornaram-se superdevedores, depois super-restritivos e, então, protecionistas.
>
> *The Economist*, 7 agosto de 1982.

A Iugoslávia sucumbiu à mesma tentação dos muitos outros estados socialistas do bem-estar — e também muitos dos estados capitalistas do bem estar; ela combateu a urgente demanda por mais capital para investimento e bem estar público fazendo vultosos empréstimos no estrangeiro. Em 1983, suas dívidas apenas ao mundo ocidental somavam $ 20 bilhões, ficando a Iugoslávia logo após a Polônia como o país do Leste europeu mais dominado pelas dívidas.

Mais de um terço da renda da exportação minguante do país, incluindo a de sua explosiva indústria turística — mais de 5 milhões de turistas ocidentais e 800 mil do Leste europeu visitam a Iugoslávia por ano — tinha sido alocado em 1982 para a crescente obrigação do serviço da dívida, encargo muito pesado para ser suportado sem novos empréstimos. Como a Romênia entre os países do Pacto de Varsóvia, a Iugoslávia se tornou membro do Fundo Monetário Internacional — segundo todas as aparências, um membro favorecido devido à sua independência. Em fevereiro de 1982, a Iugoslávia pôde receber um segundo terço de um empréstimo recorde do FMI, de $ 2,2 bilhões, que tinha sido dado em janeiro de 1981.

Como uma condição para sua generosidade, contudo, o FMI exigiu uma política de estrita austeridade, a fim de pararem os grandes déficits no comércio exterior e controlador a inflação. A desvalorização do dinar de 30 por cento em 1980 e de outros 20 por cento em 1982, junto com outras restrições na importação, devem ser olhadas contra esse fundo. Em relatório datado de março de 1982, o FMI elogiou o país por sua decisiva austeridade e políticas de estabilização. O FMI, contudo, é uma exceção entre os mercados de crédito e, em 1982, as fontes de crédito ocidentais tinham secado grandemente.

A indústria iugoslava tinha se tornado dependente dos generosos suprimentos de óleo combustível, gasolina, matérias-primas, semimanufaturados e sobressalentes do Ocidente. As drásticas restrições de importação de 1982 significaram desastre para a indústria. Um grande número de projetos que já tinham sido iniciados tiveram de ser parados.

Um altamente apreciado privilégio dos cidadãos iugoslavos tinha sido o direito de viajar livremente para o estrangeiro e importar mercadorias livres de direitos ao regressar. Num esforço desesperado de favorecer as importações essenciais às custas das consideradas não essenciais, em março de 1981, o governo reduziu o valor do que poderia ser importado sem direitos a $ 200 e, em dezembro de 1981, ao insignificante total de $ 5.

A Iugoslávia é um estado socialista?

> Na prática, a Iugoslávia foi mais longe na estrada do capitalismo que qualquer outro país socialista.
>
> *Paul Sweezy*, economista marxista americano, 1969.

A Iugoslávia é muitas vezes citada como um país diferente dos outros países comunistas, que quase atingiu o "socialismo democrático". É considerada, também, como um país relativamente livre, embora tenha tido o maior número de prisioneiros políticos no Leste europeu.[15]

Mas não é raro ignorar-se a essência de um sistema porque seus mais superficiais aspectos não estão de acordo com a percepção do que se pensa ser a essência. A maioria dos socialistas fora do bloco do Leste, atualmente, por exemplo, julga os desenvolvimentos dentro da União Soviética tão repelentes que repudiam seu status de socialistas — uma posição surpreendente a tomar em relação a um país que tem uma indústria do estado, centralmente controlada e apresenta um exemplo clássico de uma economia socialista. Menos surpreendente é o fato de que muitos socialistas "ortodoxos" negam o status socialista da Iugoslávia, indicando sua agricultura privada e suas empresas controladas pelos empregados, trabalhando em uma espécie de mercado. De acordo com o economista Paul Sweezy:

> O mercado é o fator decisório na economia capitalista e por socialista compreende-se uma sociedade que substitui a regra cega do mercado por um controle consciente da produção. Os que trabalham para reforçar a influência do mercado, em vez de batalhar contra ele, trabalham — quaisquer que sejam suas finalidades — pelo capitalismo e não pelo socialismo.[16]

CAPÍTULO 7

HUNGRIA

Um regime político que enche as prisões com críticos e dissidentes é, na realidade, um regime fraco.

János Kádar, Secretário geral do Partido Comunista, 1964.

Um sistema agrícola que funciona

O real socialismo não pode se desenvolver sem que os poderes criativos do povo sejam liberados.

György Aczel, Presidente do Comitê Central, 1982.

A Hungria, com seus 11 milhões de habitantes, mais de 2 milhões vivendo na capital Budapest, apresenta um quadro único entre os países socialistas: as lojas estão cheias de comida e mercadorias e não se vêem filas. Com seu solo fértil, a Hungria foi criada pela natureza para a agricultura e sempre foi uma das cestas de pão da Europa. Na verdade, ainda está produzindo excedentes para exportação. O que é sem paralelo é que os comunistas, ao assumir o governo da Hungria, não procuraram converter este mais em um menos.

Em 1957 e 1958, a agricultura foi socializada e organizada em fazendas coletivas. Tal como na União Soviética, a predileção socialista pela grandeza trouxe contínuas reuniões em fazendas cada vez maiores.

Uma diferença decisiva entre a economia agrária da Hungria e a de outros países socialistas pode ser apreciada no fato de que os camponeses húngaros nunca foram tratados como um grupo de fora, como objetos naturais para exploração. Desde o princípio, foram oferecidos aos camponeses preços que refletiam a demanda do mercado e salários equivalentes aos dos trabalhadores industriais.

O segredo da exceção húngara

> O apoio ao empresariado e à empresa é o novo caminho para o crescimento. A eficiência econômica em geral e a lucratividade especialmente deve ser reforçada, se quisermos manter nossa posição como uma nação exportadora.[17]
>
> *Reszö Nyers*, 1982.

Quando a Hungria foi tomada pelos comunistas depois da II Guerra Mundial, ela, na verdade, seguia uma política econômica no modelo soviético. O resultado — como em muitos outros estados do bloco de Leste — foi a estagnação econômica e resultados verdadeiramente pobres tanto na indústria como na agricultura. Em 1956, uma profunda insatisfação com o regime explodiu, por fim, em uma revolta e os rebeldes inicialmente foram os vencedores; assumiram o poder e o mantiveram por duas semanas. A 4 de novembro, o país foi invadido por forças soviéticas, porém, e aproximadamente 13 mil pessoas foram mortas. Cerca de 200 mil membros do movimento de resistência foram obrigados a fugir do país. O líder da revolta, Imre Nagy, foi executado em 1958. Depois da revolta, o novo líder, János Kádar, Secretário Geral do partido e primeiro-ministro, emergiu e foi, inicialmente, considerado um traidor pela maioria dos húngaros. Mas, com lemas tais como "O que não estiver contra nós está conosco" e "Você pode ser um bom húngaro sem ser um comunista", Kádar adotou uma política de reconciliação. Adotando uma posição política menos doutrinária, inverteu eventualmente a opinião pública e tornou-se uma respeitada figura de pai.

Por mais de uma década, porém, o regime de Kádar continuou a antiga política no estilo soviético, com uma série de desapontamentos e fracassos como resultado. Quando, apesar do duro trabalho e sinceros esforços, o sucesso lhes fugia, os líderes do país concluíram finalmente que uma nova política era o único remédio que podia curar a doença econômica do país. Em 1968, a orientação econômica e política da Hungria foi radicalmente mudada.

A nova política, com amplos investimentos na empresa privada e, acima de tudo, a criação de fortes incentivos econômicos, significava um recuo no socialismo ortodoxo. A atitude anterior negativa em relação à agricultura privada foi mudada e tanto os camponeses como os habitantes das cidades foram encorajados a adquirir e cultivar lotes próprios. Hoje, há, na Hungria, cerca de 1.800.000 mini-fazendas privadas, cultivando 6 por cento da terra arável — duas vezes mais do que na União Soviética. Nesse setor privado, é produzido mais de um terço do suprimento de alimentos. Antes da nova política ser introduzida, tanto as fazendas coletivas como as do estado eram objeto de um detalhado controle central, por meio de objetivos planejados. Agora, todas as fazendas, como as fazendas privadas nas economias de mercado, podem determinar sua própria mistura de produtos, com os lucros máximos com seu objetivo.

Para um tal sistema funcionar eficientemente, preços realistas, baseados na oferta e demanda do mercado, são um requisito absoluto e tal política de preços tem, realmente, sido seguida na Hungria desde 1968. Hoje, os que estão no poder na Hungria parecem ser quase os únicos líderes socialistas no mundo que compreendem a importância do ambiente empresarial, com fortes incentivos de produção, não só para a indústria como também para a agricultura.

A tolerância com a empresa privada tem aumentado constantemente a partir de 1968, e, desde 1982, empresas privadas com dez a doze empregados têm sido permitidas. Firmas coletivas privadas de família e privadas organizadas cooperativamente podem ter até trinta empregados.

Na verdade, segue-se, na Hungria, um sistema semelhante ao que prevalece em Nova Iorque e Hong Kong, onde, por exemplo, licenças de táxi são leiloadas ao maior ofertante. Na Hungria, o direito de dirigir restaurantes privados e outras empresas são leiloados ao maior ofertante. Já foram notados preços tão altos quanto $ 100 mil por ano.

O segredo do sucesso da economia húngara pode ser interpretado como uma simulação de uma economia livre de mercado por meio de controle central e planejamento. Fundamental para tal política devem ser os preços realistas que são adaptados aos mercados; durante os recentes anos, os preços húngaros foram radicalmente elevados em vários estágios.

O que é surpreendente é a reação soviética que tem sido positiva em relação à Hungria. Ironicamente, em seu discurso no Congresso do Partido Comunista Soviético em março de 1981, Brezhnev apontou a política agrícola húngara como um modelo a ser copiado por outros estados socialistas.

Política de empréstimos e dívidas

> Estabelecendo um valor realista para nossa moeda, faremos nossas empresas mais eficientes e lucrativas. Marx, de fato, nunca argüiu contra os lucros — apenas contra os lucros privados.
>
> *János Fekete*, Presidente do Banco Central Húngaro, 1981.

Em novembro de 1981, a Hungria candidatou-se a membro do Fundo Monetário Internacional, sem nenhuma oposição da União Soviética. Em maio de 1982 a solicitação foi aprovada, tornando-se a Hungria o terceiro membro, depois da Romênia e da Iugoslávia, entre os estados socialistas da Europa.

A atitude positiva do FMI em relação à Hungria é, certamente, uma conseqüência da política econômica daquele país. De fato, em julho de 1982, a Hungria foi eleita membro do Banco Mundial, o que pode ser também atribuído à nova política econômica. Com dívidas para com o Ocidente somando cerca de $ 8 bilhões, a Hungria tem, de fato, obrigações pesadas no serviço da dívida a realizar — 35 por cento de sua renda de exportação, uma proporção ainda mais alta que a da Romênia, com 25 por cento. Sem novos créditos, a Hungria não seria capaz de cumprir suas obrigações.

As possibilidades da Hungria de obter novos créditos são agudamente limitadas, porém, porque as fontes privadas secaram. Do Banco de Estabelecimentos Internacionais (BIS), um instituto cooperativo dos Bancos Centrais Ocidentais, a Hungria recebeu, em outubro de 1982, um crédito "standby" de $ 300 milhões, dando ao país uma mora de seis meses. A liquidez é forçada e a esperança do país está focalizada em um grande crédito, a longo termo, do FMI. De acordo com János Fakete, presidente do Banco Central, as reações em cadeia das dificuldades ameaçam desenvolver-se se os bancos ocidentais forem muito limitativos para dar novos créditos.

Embora a dívida "per capita" da Hungria seja maior que a da Polônia, o país tem feito o possível para fazer face às obrigações de seu serviço da dívida e, em 1983, teve sucesso nesses esforços — parcialmente devido a novos créditos. Se essas obrigações poderão ser satisfeitas no futuro é uma questão em aberto.

Apesar de seu pesado endividamento, a situação econômica da Hungria é, decididamente, mais forte do que a da maioria dos outros países socialistas. Enquanto grandes partes dos empréstimos nestes países foram usadas para o consumo, a maior parte dos empréstimos à Hungria foi investida em empresas lucrativas.

A força econômica do país foi demonstrada conspicuamente pelo fato de que, em recentes anos, ele abriu suas fronteiras para cerca de 10 milhões de turistas por ano, vindos do Leste, visitantes que compravam o máximo possível nas bem sortidas lojas húngaras. Semelhantemente, três milhões de turistas por ano têm entrado do Oeste. Trezentos mil húngaros por ano têm tido permissão para viajar para o Ocidente, uma corrente da qual uma média de 3 por cento não regressam, perda obviamente considerada como aceitável pelas autoridades húngaras.

A unidade monetária da Hungria, o forint, tornou-se constantemente mais forte, e parece ser apenas uma questão de tempo para que se torne a primeira moeda completamente conversível da esfera socialista. Sob a nova política econômica, o equilíbrio no comércio exterior é um objetivo importante, que o governo espera atingir principalmente por meio de incentivos de exportação e taxas de câmbio. A fim de manter as fronteiras com o Ocidente abertas, tentam, tanto quanto possível, evitar medidas protecionistas. Com essa nova política orientada para o mercado, a Hungria foi capaz de conseguir o mais alto padrão de vida entre os países socialistas.

Apesar de todas as suas reformas "liberais", a Hungria ainda é, porém, um estado socialista, com uma economia socialista, destinada a produzir, mais cedo ou mais tarde, problemas e estagnação. Um desenvolvimento inicial tem, de fato, sido seguido, recentemente, por vários anos de estagnação.

Em abril de 1984, o Comitê Central do Partido Comunista da Hungria adotou novas normas em relação à liberalização econômica: futura cessação do controle de preços e salários e descentralização de gerência. Estas medidas podem ser interpretadas como esforços desesperados para começar uma nova expansão.

Na revolução de 1956, o objetivo dos rebeldes não era abandonar o socialismo mas, principalmente, conseguir independência política e econômica da União Soviética. Seu esforço de cortar os vínculos falharam, contudo. Com 60.000 de seus soldados estacionados no país, a União Soviética ainda mantém a Hungria com uma firme garra.

CAPÍTULO 8

PORTUGAL

> O socialismo é como um sonho. Mais cedo ou mais tarde você acorda para a realidade.
>
> *Winston Churchill*, 1938.

A revolução socialista de 1974 e depois

> Quanto mais conspicuamente a orientalização da Europa Ocidental está avançando, mais veementemente ela é negada.
>
> *Rita Tonborg*, autora sueca, 1982.

Quando em 1974 a ditadura portuguesa, com quase cinqüenta anos, foi derrubada por uma revolta militar, um governo provisório, inicialmente dominado pelos comunistas, tomou o poder. Fortes tensões internas entre os grupos em competição conduziram a uma situação altamente instável, paralisando virtualmente o governo e produzindo uma condição que parecia muito de perto com a anarquia. Encorajados e apoiados pelos comunistas, os trabalhadores agrícolas viram sua oportunidade nessa situação e ocuparam as grandes propriedades das províncias dominadas pelo estado no sul de Portugal, especialmente na província do Alentejo. Os proprietários foram expulsos de suas terras e, muitas vezes, não lhes permitiam nem mesmo levar suas coisas pessoais com eles. As propriedades foram divididas e convertidas em fazendas coletivas controladas pelos trabalhadores. No fim de 1975, havia 550 dessas fazendas, cobrindo 1.500.000 hectares de terras aráveis. Aproximadamente 100.000 pessoas, incluindo membros das famílias, viviam nelas e cultivavam-nas.

Nas eleições de 1976 — a primeira eleição livre em cinqüenta anos — o "social democrático" partido Socialista recebeu 5 por cento dos votos, o "liberal" partido Social Democrático, 25 por cento e o partido Comunista, orientado por Moscou, 15 por cento. O resultado foi um grande desapontamento para o grupo inicialmente dominante do partido Comunista, que estava então no poder. Mário Soares, o líder do partido Socialista, tornou-se primeiro ministro do novo governo.

Este governo, e muitos subseqüentes também, tentaram recuperar as propriedades ilegalmente ocupadas e retorná-las aos seus proprietários. Mas os ocupantes, apoiados pelos comunistas, obstinadamente defenderam a propriedade capturada e, em 1983, menos de 25 por cento delas tinham sido reintegradas.

Diferentemente dos camponeses privados, os membros das coletivas ocupadas estavam na posição privilegiada de ter "recebido" sua propriedade livre de encargos. Apesar do privilégio, porém, eles estavam, normalmente, sem capital para comprar máquinas, semente e fertilizantes químicos e para pagar salários, mas o governo reagiu a princípio favoravelmente aos seus pedidos de ajuda e generosamente atendeu suas demandas de empréstimos. Supôs-se que as fazendas coletivas não só estariam em condições de se dirigir depois que a primeira safra fosse colhida, mas que elas também seriam capazes de pagar os empréstimos — suposição que provou estar incorreta.

A produção das fazendas coletivas breve se apresentou tão pobre que a renda usualmente mal era suficiente para pagar os salários mínimos fixados pelo governo socialista. As fracas colheitas, de acordo com a prática socialista tradicional, foram atribuídas ao mau tempo, ano após ano, e as fazendas podiam apenas claudicar com o auxílio de novos empréstimos e dívida crescente. Quando os governos puxaram as rédeas e retiraram os créditos, muitas das fazendas coletivas foram à bancarrota, incapazes de pagar salários, comprar fertilizantes e novas máquinas. Cada vez mais a terra arável foi deixada inculta. Só em 1979, na província de Alentejo, houve um esforço de melhorar a situação — cerca de 1 milhão de hectares de terras de fazendas foram convertidos em terrenos de caça.

Um sistema de empresas controladas por trabalhadores é muitas vezes chamado de sistema de democracia econômica, e, por isso, a experiência portuguesa é de histórica significação. A conclusão a ser tirada da experiência é que as fazendas controladas pelos trabalhadores parecem funcionar ainda pior que as fazendas controladas pelo estado na União Soviética e outros países socialistas.

Um caminho socialista mais curto em uma severa crise econômica

> Os políticos trabalham energicamente para resolver problemas que eles mesmos criaram.
>
> *Assar Lindbeck*, economista sueco, 1977.

Depois da vitória eleitoral de 1976, o governo socialista, com o Primeiro Ministro Mário Soares ao leme, procurou aproveitar a vantagem da oportunidade para realizar uma revolução econômica socialista. A maior parte do capital dos bancos foi confiscada quando os bancos, companhias de seguros e as grandes corporações industriais foram socializados. Nesse ambiente empresarial hostil, muitas companhias privadas foram ameaçadas com a bancarrota, e assim, interventores do governo foram julgados necessários para impedir os aumentos de desemprego.

Seguindo a política socialista tradicional de favorecer a população urbana e industrial com alimento barato, o governo estabeleceu preços dos produtos industriais tão baixos que ocorreu o inevitável. Os camponeses privados do norte e do centro de Portugal e os das fazendas coletivas do sul encontraram-se com apenas fracos incentivos para produzir.

Antes da revolução de 1974, as exportações e importações de produtos agrícolas estavam aproximadamente equilibradas; o país podia se alimentar. Depois de 1974, a situação deteriorou rapidamente. As exportações foram reduzidas e as importações aumentaram de tal maneira que, depois de apenas alguns anos, a metade da comida do país tinha de ser importada, proporção aumentada, mais tarde, para 60 por cento. Esse colapso da produção agrícola se realizou em um antigo país agrícola no qual a terra arável antes de 1974, tinha somado 25 cento do total da terra (nos Estados Unidos a porcentagem é de 20) A miraculosa habilidade de um governo socialista de converter um mais em um menos tinha sido demonstrada novamente.

As importações de grandes volumes de alimentos consumiram uma tão grande proporção da minguante renda de exportação que o país — apesar dos volumosos empréstimos externos — teve crescente dificuldade de financiar a importação de outras necessidades. Em 1979, quando o país foi capaz, por fim, de colher boa safra de batatas, o transporte entre produtores e consumidores foi dificultado por uma severa escassez de gasolina e outros combustíveis para motor. Enquanto os consumidores portugueses choravam por alimento, muitas batatas apodreciam nos campos. Os sucessivos fracassos da política socialista transferiu a simpatia do eleitorado da esquerda para a direita. A derrota sofrida pelo partido comunista, durante a primeira eleição de 1976, foi significativa. Depois de um revés eleitoral socialisa em 1978, causado pelo crescente descontentamento devido à crise econômica, que constantemente se intensificava, o governo socialista de Mário Soares foi forçado a renunciar.

Os vários governos de coalizão, normalmente com os sociais democratas como o partido que mantinha o poder, desde 1978 a 1983, funcionaram como fracos "governos do bem-estar", incapazes de mudar a orientação socialista em nenhuma maneira decisiva. O resultado foi uma situação econômica má que se tornava pior ano após ano. Tanto a opressão como a exploração das empresas privadas na agricultura e na indústria e a má gerência das empresas socialistas foram responsáveis por reveses na produção e no suprimento e na taxa de desemprego rapidamente crescente. De acordo com relatórios oficiais, a inflação em Portugal em 1980 flutuou entre 20 e 30 por cento e o desemprego entre 10 e 15 por cento.

Apesar das enormes importações de comida, financiadas grandemente por empréstimos externos, as necessidades do país não puderam ser atendidas e, em 1982, as filas apareceram fora das lojas, o sintoma mais óbvio de uma aguda escassez dos básicos. Em fevereiro de 1982, meio milhão de pessoas, com o maior sindicato — controlado pelos comunistas — na liderança, fizeram demonstrações na principal rua de Lisboa, a Avenida da Liberdade, contra a escassez e as dificuldades e contra as austeras políticas do governo não socialista. A inquietação social, manifestada em greves e demonstrações, nunca foi tão grande em Portugal. No canto sudoeste da Europa, Portugal estava a caminho de se tornar outra Polônia.

Embora os pagamentos dos juros da dívida externa — rapidamente crescendo de $ 10 bilhões em 1982 para $13 bilhões em 1983 — consumisse 25 por cento do orçamento nacional, o governo considera mais empréstimos como sua única esperança. Em face da aguda crise econômica, contudo, os credores estão se tornando cada vez menos dispostos — e não sem razão. "A verdade é que não podemos mais cumprir nossas obrigações com a dívida — só podemos enfrentar os juros", admitiu o Secretário de Estado, Marcelo Rebelo de Souza, em janeiro de 1982. [18] Contudo, o "emprestador do último recurso", o FMI, em outubro de 1983 concordou com um novo empréstimo de $ 738 milhões para Portugal.

Depois de oito anos de políticas socialistas, o estado do bem estar, em Portugal, tinha chegado ao fim da estrada do crédito. Os governo haviam sistematicamente destruído o ambiente empresarial e matado os incentivos da produção, tanto na agricultura como na indústria. Tinham consumido e desperdiçado tanto os ativos de capital doméstico como o potencial para novos empréstimos de instituições privadas de crédito no estrangeiro. Futuros empréstimos de instituições como o Fundo Monetário Internacional serão limitados e acompanhados de estritas condições para seguir duras políticas de austeridade.

Nas eleições de abril de 1983, o partido socialista podia explorar com sucesso a insatisfação acumulada durante cinco anos de governos não socialistas, e o Primeiro Ministro Mário Soares poderia, como tal, formar um novo governo — o décimo quinto desde 1974 — em coalizão com o Partido Social Democrático. Mas Mário Soares não poderia escapar da necessidade de seguir uma política de austeridade ainda mais severa que a do governo precedente. Teve de desvalorizar o escudo em 12 por cento e foi forçado a continuar uma redução radical nos subsídios dos alimentos, redução que fez os preços dos alimentos básicos aumentarem de 25 a 60 por cento. A nova política econômica seguida pelo governo significava um notável recuo das políticas socialistas iniciais em Portugal. A empresa privada foi permitida em setores tais como bancos, seguros e manufaturas, que tinham sido estritamente socializadas anteriormente. E permitiram que despedissem mão-de-obra excessiva. Está claro que o governo de Soares compreendeu que sua única alternativa seria a bancarrota nacional.

O ano de 1983, com aumentos de preços de 30 por cento e padrões de vida descendo 10 por cento, foi de experiência para os portugueses. A situação econômica continuava a se deteriorar. Em 1984, 600 companhias não podiam pagar os salários totais — ou nenhum — e milhares de trabalhadores fizeram demonstrações nas ruas de Lisboa. Mas a maioria deles, cientes da crítica situação dos negócios e temendo bancarrotas e desemprego, não foram à greve.

CAPÍTULO 9

CHINA

> Em um mundo em que o comunismo russo terá se desintegrado no fim do século, a China estará se tornando capitalista.
>
> *Arthur Seldon*, economista britânico, 1981.

Desenvolvimentos econômicos após 1949

> As revoluções socialistas irão inevitavelmente envolver uma gigantesca liberação de forças produtivas e abrir o caminho para um crescimento sem precedentes na agricultura e na indústria.
>
> *Mao Tse-tung*, 1956.

Nos três recentemente industrializados estados com população chinesa — Singapura, Taiwan e Hong Kong — os que estavam no poder desde 1949 investiram, principalmente, na liberdade econômica — economias de mercado — e esses investimentos libertaram forças criativas dinâmicas e iniciaram rápidas expansões geralmente referidas como milagres econômicos.

Em 1982 o regime comunista na China estava no poder durante um terço de século e, salvo por conflitos pequenos — Coréia em 1950, Índia em 1962 e Vietnam de 1979 em diante — ele manteve relações pacíficas com o mundo exterior. Certamente a oportunidade para conseguir desenvolvimento econômico lhe foi proporcionada neste clima de relativa paz.

Se a revolução socialista de 1949 fosse capaz de liberar aquelas forças milagrosas faladas por Mao Tse-tung em 1956 (ver epígrafe acima), o desempenho econômico da China teria excedido de muito os dois sistemas econômicos de mercado livre dos três países mencionados anteriormente. Contudo o desempenho da China foi fraco. Na verdade, a China pôde mostrar com orgulho o nível de preços estável que conseguiu manter por todas as décadas de 1950 a 1970. Mas menos impressiva é a estabilidade do nível de salários chineses durante o mesmo período, estabilidade que implica em um padrão de vida imutável e, portanto, estagnação econômica.

A estagnação foi, naturalmente, imputada, em várias ocasiões, no altamente otimista "Grande Salto" do princípio da década de 1960, nos reveses econômicos durante a Revolução Cultural de 1966-1976 e — depois da morte de Mao em 1976 — no "Grupo dos Quatro". Um fato, porém, é inegável: depois de mais de trinta anos de socialismo, a China ainda é um país subdesenvolvido. A habitação é tão pobre que duas ou três famílias devem dividir uma cozinha e facilidades modernas são raras; um quarto da população ainda é analfabeta; os recursos são tão escassos que a educação acima do nível de escola elementar só pode ser dada a poucos jovens; 80 por cento da população trabalham na agricultura, embora o país não possa produzir alimento suficiente para atender às necessidades domésticas. Em dezembro de 1980, o governo foi forçado a apelar para o mundo, através das Nações Unidas, para auxiliá-lo a aliviar a fome.

Coletivização e inanição

> A guerra não é apenas provável, é necessária para o triunfo do comunismo mundial. Nessa guerra estaremos dispostos a sacrificar trezentos milhões de vidas humanas.
>
> *Mao Tse-tung,* 1963.

Em 1950, o ano que se seguiu à vitória comunista sob a liderança de Mao, as grandes propriedades foram confiscadas e distribuídas aos arrendatários e agricultores. O próximo passo no plano de socialização foi reunir as pequenas fazendas em grandes fazendas coletivas e, em 1956, foi relatado que 83 por cento dos camponeses estavam integrados em tais unidades. Estes dois passos estavam bem de acordo com o modelo soviético. O governo de Mao, porém, viu um terceiro passo como necessário e, em 1958, as fazendas coletivas foram reunidas em unidades ainda maiores, as chamadas comunas do povo, gigantescas empresas abrangentes que iriam produzir não apenas na agricultura mas em todas as áreas necessárias — em artesanatos, oficinas, manufaturas e construção.

Em um país subdesenvolvido, em que perto de 90 por cento da população eram empregados na agricultura em 1949, essas reformas não eram apenas transformações revolucionárias da ordem social, mas mudanças que implicavam conflitos inevitáveis com o natural conservadorismo dos camponeses: seus desejos de salvaguardar a ordem estabelecida, incluindo sua propriedade privada. Uma revolução contra a vontade da maioria pode ser realizada por uma minoria, se esta tem o comando do aparelho coercitivo do estado — a polícia, o exército, as prisões, os campos de escravidão e os pelotões de execução — e está preparada para suprimir toda a oposição com a força bruta e o terrorismo. Mao e seus quadros comunistas eram tal minoria. A transformação da agricultura chinesa em gigantescas comunas do povo teria sido impossível sem brutalidade e terrorismo, e severos fracassos de safras foram a conseqüência.

Durante os três anos de fome, 1959 a 1962, milhões morreram de inanição. Relatórios oficiais nunca foram publicados, mas as estimativas baseadas nas estatísticas de morte e censos de população indicam que pelo menos 20 milhões de pessoas morreram de fome. Antes de 1958, quando as comunas do povo foram iniciadas, aproximadamente 7,5 milhões de pessoas por ano morriam na China, mas em 1960, o número subiu para 17,8 milhões, um aumento de 10,3 milhões. O pior ano de fome foi 1960, mas todos os três anos foram difíceis.[19]

Durante esses anos, o partido comunista, baseando seu poder no apoio político da população urbana e industrial — e, portanto, identificando-se com esses grupos — mal conseguiu satisfazer as necessidades dos grupos de apoio, "esvaziando" as áreas rurais em implacáveis expedições de confisco e importando alimento em grande escala. Inanição, portanto, como aconteceu na União Soviética no tempo de Lenine e Stalin, foi principalmente uma aflição do campo. A situação foi agravada, ainda mais, pelo fato de que Mao, em seu fanatismo doutrinário por um socialismo ortodoxo, proibiu tais remanescentes do capitalismo como lotes privados e marcados kolkhozes. Durante os anos de fome, porém, Mao foi forçado a voltar atrás, e tanto os lotes privados como os mercados livres nas cidades, onde os camponeses podiam vender os excedentes de seus lotes, foram declarados legais.

Mas foi um recuo relutante e, durante a Revolução Cultural de 1966-1976, quando os pragmatistas não ortodoxos e outros dissidentes foram expurgados, Mao tentou novamente abolir os remanescentes do capitalismo. Desta vez, quase todos, exceto Mao, compreenderam que os lotes privados eram absolutamente necessários para a provisão de alimento. Mesmo antes da morte de Mao, a constituição de 1975 confirmava os direitos dos membros das comunas do povo de cultivar lotes privados, a devotar parte de seu tempo em trabalhos particulares e a manter um pequeno número de animais domésticos para suas necessidades pessoais. Os lotes, de fato, sobreviveram a Mao e, hoje, uma porção substancial do suprimento de alimento é produzida neles.

Desintegração das comunas do povo

> A socialização da agricultura deverá, de acordo com a experiência soviética, necessitar de longo tempo e trabalho pesado, mas, sem tal socialização, não haverá nunca o socialismo completo e consolidado.
>
> *Mao Tse-tung,* 1949.

Em 1958, quando a coletivização da agricultura foi completada, mas antes que a comunização tivesse sido realizada, havia 750.000 cooperativas de produtores — como as fazendas coletivas eram chamadas da China — com uma média de 150 famílias por fazenda Como Lenine e Stalin, contudo, Mao era obcecado pela gigantomania, por uma ingênua crença nas vantagens da produção em larga escala. Em 1958, o governo de Mao decidiu consolidar as 750.000 fazendas coletivas em 26.000 comunas.

Não demorou muito, porém, antes que essas empresas gigantescas, cada uma com uma média de 5.000 famílias, provassem ser ingerenciáveis. Foram divididas e, em 1962, o número de comunas havia aumentado para 74.000. Mao considerou esta divisão como um retrocesso e, durante a Revolução Cultural, ele e seus "revolucionários" fizeram novas consolidações. Em 1980, havia aproximadamente 50.000 comunas do povo na China.

As realidades por trás da fachada oficial das grandes comunas do povo são menos conhecidas. A experiência do trabalho prático exigiu, em breve, que as gigantescas comunas fossem novamente divididas, desta vez em unidades mais ou menos independentes, chamadas brigadas — unidades que foram mais tarde divididas ainda mais em equipes de produção que consistiam de cerca de vinte famílias cada uma. Depois da morte de Mao, em 1976, e da prisão do Grupo dos Quatro, que incluía a viúva de Mao, o processo de divisão continuou e, desde 1980, as comunas do povo se desintegraram em seus componentes originais, as pequenas fazendas privadas. Este retrocesso foi, na realidade, camuflado de várias maneiras. Foram assinados contratos entre a comuna e os camponeses "privados", que prometeram produzir certas quantidades anuais de grãos e criar um número especificado de animais domésticos para a comuna, a preços fixados pelo governo. Como regra geral, esses contratos eram formulados de tal forma a dar aos camponeses oportunidades de produzir excedentes que eles podiam vender nos mercados livres a preços livres Espera-se que esse sistema crie incentivos adequados e, assim, estimule os camponeses para uma produção maior. Um dos erros fundamentais de Mao foi sua suposição de que o povo, nas empresas socialistas, trabalharia sem incentivo econômico pessoal, estimulado somente pelo entusiasmo, pelo socialismo e noções de bem-estar público. Nem era particularmente benéfico à eficiência econômica que, em uma sociedade com uma estrutura de salário de oitavo grau, os maiores salários fossem tipicamente pagos aos gerentes que tinham recebido seus postos como recompensa pelo trabalho leal pelo partido e pela ortodoxia ideológica, em vez de por um treinamento ocupacional, conhecimentos e experiência.

A desintegração das comunas do povo foi acelerada por óbvia ineficiência; elas simplesmente eram incapazes de produzir quantidades suficientes de alimento. Em 1979, foi oficialmente admitido que pelo menos 100 milhões de chineses sofriam de escassez de alimento. Nesta situação forçada, os preços pagos aos produtores pelo alimento básico foram aumentados de mais de 20 por cento, aumentos supostos capazes de estimular os camponeses para uma maior produção. Mas a crise de alimento continuou e, em 1981, de acordo com declarações oficiais, 100 milhões ainda sofriam escassez próxima dos níveis de inanição. De 1982 em diante, um definido melhoramento da situação de suprimento parece ter ocorrido, mais provavelmente como resultado das radicais reformas econômicas instituídas depois da morte de Mao.

Algumas observações notáveis podem ser feitas a respeito das estatísticas agrícolas chinesas. Em 1979, uma colheita recorde de grãos, de 332 milhões de toneladas, foi relatada e, para os quatro anos seguintes os volumes foram 318, 327, 335 e 355 milhões de toneladas. Para todos esses anos, as quantidades colhidas foram tão grandes que, se tivessem sido realmente produzidas, não teria havido escassez entre 1979 e 1981. Mas, na China — como na União Soviética — os gerentes de fazendas tinham um interesse pessoal em esconder tristes realidades atrás de números impressionantes. E na China — como na União Soviética — é claramente mais fácil forjar números impressionantes do que produzir suficientes quantidades de alimento.

Um desenvolvimento adverso sob o regime têm sido as sucessivas reduções na área cultivada, de 11 milhões de hectares em 1949 para 99 milhões de 1977. A importância deste desenvolvimento pode ser observada no fato de que, enquanto em 1949 havia 0,20 hectares de terra cultivada por habitante na China, em 1977 a área havia diminuído para apenas 0,10 hectares. Uma vez que somente 10 por cento da terra na China está sendo cultivada, parece provável que os chineses podiam acompanhar o crescimento da população se abrissem novas terras para o cultivo. Mas, para que isso aconteça, o sistema deve oferecer incentivos adequados aos camponeses. Aparentemente, não existem tais incentivos.

As importações de grão tornaram-se necessárias com a catastrófica colheita de 1960, que produziu apenas 160 milhões de toneladas e provocou a fome. Isso geralmente era tido apenas como um revés temporário, mas a importação de grão continuou e aumentou. Em 1978 foram relatadas importações de 9 milhões de toneladas de grãos e, em 1979, apesar de uma colheita recorde, as importações aumentaram para 12 milhões de toneladas, volume que, em 1982 cresceu para 15 milhões de toneladas. Este volume é modesto em comparação com a importações de 32 milhões de toneladas pela União Soviética em 1979, mas é óbvio que os totais que a China importou não foram suficientes para atender às urgentes necessidades do país. A China é um pobre país subdesenvolvido, tradicionalmente avesso aos empréstimos externos, e não tem sido capaz de permitir-se a importação de quantidades suficientemente grandes para eliminar a escassez.

Uma razão dos fundos para importação serem poucos é que abrangentes subsídios do governo são mobilizados para manter os preços dos grãos, do óleo comestível e do algodão em baixos níveis. Quando, em 1979, os preços do produtor foram aumentados de 20 por cento, a maior parte do aumento dos consumidores foi eliminada pelos subsídios estatais. O custo total desses subsídios de alimento foi de $ 4,5 bilhões em 1978, $ 8,4 bilhões em 1979, $ 12 bilhões em 1980 e $ 18,4 bilhões em 1981 — custos que em 1981 consumiram pelo menos 20 por cento do orçamento nacional. Subsistir e estimular o consumo desta forma em um país subdesenvolvido tão pobre como a China — em vez de dirigir seus escassos fundos para o investimento — é contrário a uma alocação racional de recursos.

Simultaneamente com a dissolução das comunas do povo em 1981, veio a revelação do governo — uma notável coincidência — de que a famosa comuna Dazhai, que, desde 1964, tinha sido o modelo de Mao para todo o país, era uma fraude. A boa reputação dos líderes tinha sido construída em relatórios de produção falsificados, e os camponeses tinham sido oprimidos na mais brutal maneira e tinham sido proibidos de cultivar lotes próprios — em contradição com a estória oficial de que os membros dessa comuna tinham concordado, com zelo socialista, em se abster de cultivar lotes "capitalistas" privados e, com isso, dispensado a renda dos excedentes vendidos em mercados livres. Em Dazhai, como nas outras comunas, a terra tinha retornado às famílias dos camponeses. Como essas revelações iriam ser recebidas por aqueles socialistas que, em peregrinações à nova terra prometida da China, ansiosamente visitavam e entusiasticamente saudavam os relatórios vermelhos da comuna modelo?

Dessocialização da China

> O suprimento de alimento é o problema fundamental. Se um gato é branco ou preto, não importa. Conquanto que ele cace ratos, é um bom gato.
>
> *Deng Xiaoping*, 1978.

A contínua dissolução das comunas do povo deve ser interpretada como parte da dessocialização geral que começou em 1976, depois da morte de Mao, um recuo do socialismo que tem sido acelerado durante os últimos poucos anos. Na década de 1980, uma ênfase crescente foi colocada na empresa privada, na luta contra o desemprego. Firmas privadas, tendo até sete empregados, tinham permissão para existir e todos eram encorajados a começar o seu próprio negócio.

A constituição pela qual cada um tem garantido o direito a um emprego tornou-se um papel legal e os jovens, especialmente atingidos pelo desemprego, estão sendo impelidos a tentar achar empregos por eles mesmos. Até na China, a alta taxa de desemprego entre os jovens tem conduzido a um aumento no crime. As atividadess da empresa privada foram mais estimuladas pela revogação das leis de segurança do trabalho proibindo a demissão de empregados. Uma conseqüência das novas políticas pode ser estudada no rapidamente crescente comércio exterior. Em 1979, a China era o décimo quarto maior mercado de exportação de Hong Kong, mas em 1982 era o quarto.

Um passo na mesma direção foi o estabelecimento, em 1978, de quatro zonas econômicas no sudeste da China, nas quais economias de mercado livre e vários privilégios são oferecidos às companhias privadas estrangeiras que estabeleçam firmas filiadas ali. Em agosto de 1983 foi relatado no *Ren Min Bao* que companhias estrangeiras tinham investido perto de $ 5 bilhões entre 1979 e 1982, $ 1 bilhão dos quais foram para indústria à beira-mar. De acordo com o mesmo relatório, durante os anos mencionados, a China tinha recebido $ 7,65 bilhões de créditos do estrangeiro. Este empréstimo indica uma nova política em um país que, sob a direção de Mao, tinha consistentemente declinado ofertas do "sujo" capital estrangeiro.

Indicativo dessa política de dessocialização foi o fato de que Zhao Ziyang, "o mágico de Sichuan", foi eleito primeiro ministro em setembro de 1980. Como dirigente do partido em sua província natal de Sichuan, com 100 milhões de habitantes, ele, depois de 1976, conduziu uma campanha para liberar a indústria de vários regulamentos, restrições e deveres. Sichuan foi a primeira província da China a dissolver as comunas do povo. Essa liberação da empresa soltou poderes que, em um período de três anos, aumentou a produção industrial de 81 por cento e a produção de arroz de 25 por cento.

O principal homem na hierarquia do poder chinês, desde dezembro de 1978, é o vice-primeiro ministro Deng Xiaoping, com oitenta anos de idade em 1984, um pragmatista típico, com intenções de criar os necessários incentivos para os indivíduos acelerarem o motor da produção em um país onde o incentivo foi morto há muito tempo. Não é nada surpreendente que Deng e Zhao tenham sido banidos de seus postos durante a Revolução Cultural.

Outra evidência do processo de dessocialização que está se realizando na China é que a propaganda é permitida agora, tanto nos jornais como no rádio e na televisão; que cerca de 44.000 mercados livres foram abertos no país desde 1978 — mercados nos quais os camponeses podem vender livremente excedentes não só dos lotes privados como também, depois da dissolução das comunas, das fazendas familiares; e, finalmente, que, desde o fim da Revolução Cultural em 1976, a ordem foi restaurada nas escolas, com severa disciplina, provas escritas e graus em todos os níveis.

CAPÍTULO 10

ÍNDIA

> A única possibilidade de desenvolvimento em países como a Índia, é uma agricultura capitalista com alguns elementos do bem-estar. Declaro que, mesmo assim, sou um Social Democrata.
>
> *Gunnar Myrdal,* 1964.

Semi-socialismo e estagnação

> A Índia está constantemente afundando. De acordo com o Banco Mundial, a Índia não pertence mais ao Terceiro Mundo mas — junto com países como Uganda e Bangladesh — ao miserável Quarto Mundo.
>
> *Jan Myrdal,* 1980.

A Índia, com uma população de 700 milhões em 1983, 10 milhões dos quais vivem em Calcutá, 8 milhões em Bombaim e 5 milhões na capital Nova Delhi, tornou-se independente em 1947. Durante o período colonial, a pobreza e a escassez podiam ser imputadas à opressão imperial. Quando a independência foi finalmente conseguida, todos supunham que breve se seguiria um rápido desenvolvimento industrial e cultural.

No sistema democrático parlamentar da Índia, os líderes políticos eram eleitos em eleições livres universais. Durante os primeiros trinta anos, o poder do governo foi mantido pelo partido do

Congresso e seu líder, Jawaharlal Nehru, foi o primeiro ministro desde o início. É compreensível que um país como a Índia, que tinha sido oprimida por uma potência capitalista, escolheria o sistema socialista quando, por fim, conquistasse a independência. Mas o socialismo indiano assumiu um perfil próprio. Durante a década de 1960, os bancos e as companhias de seguros foram socializados e quase certamente 60 por cento da indústria manufatureira é propriedade do estado hoje. Uma quantidade substancial da empresa privada é permitida, contudo, e os planos iniciais para a coletivização da agricultura nunca foram executados. Por outro lado, os preços, os salários, a produção e o comércio seriam controlados pelo estado que, em seguida, estabeleceu um controle sobre a economia indiana.

De acordo com o censo de 1971, 73 por cento da população ainda estavam engajados na agricultura — a mesma proporção de 1921. E, em 1980, dois terços da população ainda eram analfabetos. Embora a Índia tenha recebido enormes quantidades de auxílio estrangeiro, o desenvolvimento econômico foi desapontadoramente lento. A pobreza em massa parece haver aumentado e a renda de 40 a 50 por cento da população está abaixo do nível de subsistência. em 1980, só 26 por cento das 600.000 vilas tinham acesso à eletricidade e o consumo de papel "per capita" era menor que um centésimo do dos Estados Unidos.

O sistema de casta, abolido em 1947 e mais tarde reabolido várias vezes, ainda está bem estabelecido na sociedade indiana. Algo como 105 milhões de indianos permanecem intocáveis e são olhados pelo resto da sociedade como inerentemente inferiores. São, provavelmente, a maior minoria oprimida no mundo. Os homens intocáveis são até proibidos de colocar seus bigodes para cima — o ato significaria uma intolerável asserção própria.[20]

Opressão dos camponeses e semi-inanição

> Anteriormente, os camponeses esperavam apoio e ajuda de seu Senhor do Céu. Hoje, eles esperam apoio e ajuda de seus Senhores no Governo.
>
> *Otto Järte*, político sueco, 1933.

Os socialistas no poder na Índia começaram por oprimir os camponeses na agricultura privada, um setor dominado por pequenas fazendas familiares — por meio de controles de preço e entregas compulsórias aos compradores do estado. Como na maioria dos países socialistas discutidos aqui, o grão era comprado a baixos preços de aquisição e vendido aos consumidores a preços tornados mais baixos pelos subsídios do estado.

A proporção de pessoas sem terras no campo aumentou de 22 por cento em 1956 para 25 por cento em 1960. A insatisfação foi naturalmente grande entre os camponeses — tão forte que muitos deles recusaram-se a vender aos compradores do estado. O descontentamento encontrou várias saídas. Muitas famílias produziam o justamente necessário para o seu próprio consumo. Outras criaram mais gado e usaram o grão excedente como forragem. Outras vendem seus excedentes nos mercados negros, que surgem quando há escassez.

Como um resultado da política de preço do governo, as quantidades de alimento compradas a baixos preços do produtor foram insuficientes e, como todos querem comprar alimento a preços baixos, controlados, as filas fora das lojas têm sido longas. Os estoques rapidamente terminam e os que ficavam no fim das filas deveriam comprar no mercado negro, a preços duas vezes maiores que os das lojas.

Boas colheitas alternam com outras fracas, mas, mesmo durante os pobres anos, o povo, de algum modo, continua de alguma forma. Contudo, os anos de 1965 e 1967 trouxeram severos fracassos de safra e muitos morreram de fome. Mesmo durante os bons anos, algum alimento tem sido importado — principalmente sob a forma de embarque de socorro — mas, na Índia, as importações jamais se aproximaram dos volumes agora necessários na União Soviética. Mesmo sendo a inanição real incomum, a subnutrição e severa má nutrição são espalhadas entre o grande número de pobres, tanto no campo como nas favelas das cidades.

Com uma política agrícola que incluía o incentivo, a produção de alimento, na Índia, onde 50 por cento da terra está sendo cultivada, podia ter sido satisfatória. O governo, como se poderia predizer, culpa a falta de alimento ao mau tempo, à estocagem e à especulação do mercado negro — o tentado e verdadeiro argumento socialista destinado a desviar a atenção do vilão real, a política agrícola do estado.

De acordo com relatórios de 1980, na Índia, os líderes políticos demonstraram nova visão na necessidade de criar melhores ambientes empresariais, com mais fortes incentivos para a produção, tanto na agricultura como nos setores industriais. Eles também parecem ter compreendido que a anterior concentração de recursos na indústria manufatureira deve ser substituída por um melhor equilíbrio entre a manufatura e a agricultura, entre as cidades e o campo. Uma coisa é óbvia, contudo: o suprimento de alimento na Índia está à beira do desastre; mesmo um pequeno erro na política agrária pode produzir uma catástrofe.

A Índia é o maior produtor e exportador de chá do mundo. Em fevereiro de 1984, o governo, a fim de conseguir simpatia — e votos — dos consumidores domésticos de chá, introduziu um rígido controle de preço combinado com um embargo da exportação de chá. Esta medida conduzirá a conseqüências desastrosas tanto para a produção como para a exportação.

Indira Gandhi, a democracia e o futuro

> Desde que o Estado de Emergência foi proclamado em junho de 1975, perto de 200.000 pessoas foram aprisionadas na Índia por causa de suas opiniões.
>
> *Claes Engström, autor* sueco, 1977.

Durante seus últimos anos no poder, Nehru, primeiro ministro da Índia, foi ajudado por sua filha Indira, cujo nome de casada é Gandhi. Em 1966, dois após a morte de Nehru, ela foi designada primeira ministra. Quando os líderes do partido do Congresso a apoiaram, esperavam que seriam capazes de reter a maior parte da influência para eles mesmos. Depois de apenas alguns anos, contudo, ela tinha reunido as rédeas do governo em suas mãos e, a partir de 1969, tornou-se a líder política dominante.

É difícil manter a lei, a ordem e a disciplina em um país tão enorme como a Índia e, quando em 1975 a sra. Gandhi sentiu-se forçada a proclamar um estado de emergência e colocou o país sob lei marcial, foi uma medida provisória, difícil de conciliar com um sistema democrático. Não sem razão, ela foi criticada por abuso de poder e por nepotismo, tão severamente e tão justamente que, em 1977, pela primeira vez desde 1947, ela e seu partido, o do Congresso, perderam as eleições. Depois de onze anos de liderança política, ela foi obrigada a abandoná-lo. A maioria das pessoas pensou que sua carreira política tivesse terminado. A sra. Gandhi não partilhava desta crença, contudo, e, depois da vitória do partido do Congresso na eleição seguinte, realizada em 1980, ela reassumiu o poder — um grande triunfo pessoal. A democracia parlamentar na Índia, a maior democracia do mundo, tinha resistido ao teste.

As políticas semi-socialistas que logo se seguiram, não foram bem sucedidas. Os problemas fundamentais da Índia, de desenvolvimento e suprimento, ainda estavam sem solução, e o otimismo inicial foi substituído por um profundo pessimismo. A vitória eleitoral de Indira Gandhi em 1980 deu-lhe uma nova oportunidade. Iria ela usá-la devidamente?

Ela tinha, obviamente, aprendido algumas lições. Hoje ela parece estar consciente do fato de que a concentração anterior das indústrias socializadas foi um erro. Desde 1980, um recuo do socialismo foi realizado e muitas restrições sobre a empresa privada foram retiradas. O estabelecimento de corporações estrangeiras na Índia foi facilitado e, em conseqüência, o investimento americano na Índia aumentou de 40 por cento. A anterior cooperação econômica íntima com a União Soviética nunca produziu o "ponta-pé" industrial que a Índia esperava e precisava. A visita oficial da sra. Gandhi aos Estados Unidos em 1982 marcou uma cautelosa mudança dos rumos políticos e econômicos.

CAPÍTULO 11

VIETNAM

> Uma sociedade que mantém que o interesse do indivíduo é desprezível comparado com o da nação, é uma sociedade sem lei.
>
> *Alexander Zinoviev*, 1979.

A base histórica

> "Converteremos nossas prisões em escolas", prometeu o Presidente do Partido Comunista no Vietnam, Le Duan, depois de assumir o poder do Sul, em 1975, e os democratas de bom coração por todo o mundo se alegraram.
>
> *Andres Küng*, autor sueco, 1982.

No Vietnam, com uma população de 50 milhões, a atual capital de Hanoi tem uma população de 1,5 milhão, enquanto Saigon tem 3,5 milhões. A longa guerra terminou na primavera de 1975 quando o Vietnam do Norte, controlado pelos comunistas, derrotou o Vietnam do Sul e as forças americanas e, assim, assumiu o controle sobre todo o Vietnam.

Cerca de duas décadas antes, em 1954, a guerra contra a França, a potência colonial, acabou com a derrota dos franceses na decisiva batalha de Dien Bien Phu. Os comunistas assumiram o poder no Vietnam do Norte, enquanto grupos não-socialistas foram vitoriosos no Vietnam do Sul. De 1954 a 1975, o país foi dividido em entidades politicamente distintas.

Depois de tomar o poder no Vietnam do Norte, os comunistas socializaram a economia e combinaram as pequenas fazendas privadas em grandes fazendas coletivas. Essa transformação fundamental produziu rupturas econômicas tão severas que a produção agrícola, desde aquele tempo, não tem sido suficiente para alimentar o país, mas tem tido que ser suplementada pelas importações.

Um movimento comunista subversivo, a NLF, iniciou operações de guerrilha contra o regime do Sul em 1967; desde o início foi apoiada pelo governo comunista do Norte. Enquanto a revolta se espalhava e ganhava impulso, o apoio nortista se tornava mais extenso e os Estados Unidos aumentavam seu apoio militar ao Vietnam do Sul. As operações em breve atingiram o ponto de guerra total e grandes danos foram sofridos por toda a indústria e a agricultura do Vietnam.

Agricultura e suprimento de alimento depois de 1975

> Desde que a China cancelou seus programas de desenvolvimento do Vietnam, em 1978, a União Soviética o tem suprido com tudo, desde o brandy até mancais de bola. Depois que Hanoi invadiu a vizinha Kampuchea (anteriormente Camboja) em 1979, e a maioria das nações ocidentais suspenderam o auxílio, esta dependência de Moscou tornou-se próxima de total.
>
> *Time*, 12 de fevereiro de 1982.

A pequena produção das fazendas coletivas no Norte explica por que o regime comunista deixou de socializar a agricultura no Sul depois de 1975. Não deixou, porém, de usar seu poder para impor controles de preço. Os baixos preços de aquisição e os ainda mais baixos preços subsidiados ao consumidor contribuíram grandemente para a escassez de alimento. Enquanto as lojas estatais estavam vendendo arroz pelo equivalente a sete centavos a libra, os preços nos mercados livres eram dez ou mais vezes mais altos.

Durante os recentes anos, a população urbana tem tido que se contentar com rações de alimentos muito menores do que as que recebia durante os anos de guerra. Em 1981, as pequenas rações foram reduzidas ainda mais e, em 1982, a ração oficial de arroz foi de 24 libras por mês, quando 33 libras foi sempre considerado um mínimo para impedir séria subnutrição. Mesmo com os totais reduzidos, os habitantes raras vezes receberam as rações oficiais.

A produção não agrícola também caiu drasticamente. A escassez de combustível para motor e botes — os refugiados em botes presumivelmente levaram a metade da frota pesqueira com eles — explica a queda na pesca de 600.000 toneladas em 1976 para 350.000 em 1980. Por todo o país, muitas pessoas, inclusive uma preponderância de crianças, estão seriamente subnutridas. A situação é pior no Norte, onde as fazendas foram coletivizadas. Lá, metade da população é dada como subnutrida.

Apesar do rigoroso racionamento de arroz e outros gêneros, foi necessário importar alimento em tão grande volume que os portos estão constantemente bloqueados por navios carregados de grãos. As grandes importações não conseguiram superar a escassez, que tem sido mais severa durante os recentes anos do que era durante a guerra. Logicamente, o governo põe a culpa da pequena colheita no mau tempo. Depois da pobre safra de 1977, a ameaça de fome foi tão severa que o governo foi forçado a apelar para as "nações amigas" para receber assistência; outro fracasso de safra em 1978 lançou-o com renovados apelos.

Terror e fuga

> O Vietnam comunista, que ganhou a guerra contra os franceses e, mais tarde, contra os americanos, está a ponto de perder a paz.
>
> *Le Monde*, 17 de outubro de 1978.

A situação geral de suprimento no Vietnam certamente não melhorou quando, por razões ideológicas, o governo proibiu 30.000 negociantes privados no Vietnam do Sul a se engajar no "capitalismo privado". Muitos deles eram chineses étnicos que o governo vietnamita tinha expulsado do país em 1978 e 1979, e um esforço de eliminar a "burguesia de nascimento chinês" — uma significativa peça da engrenagem do "capitalismo mundial", de acordo com o regime.

Essa expulsão, considerada pela China como um ato inamistoso, foi uma das razões para a ação punitiva executada pela China em fevereiro de 1979.

A principal razão, porém, foi a invasão vietnamita do Camboja em janeiro de 1979 e a guerra contra os Khmers Vermelhos, um regime comunista apoiado pelos chineses. A guerra no Camboja, que absorveu cerca de 150.000 soldados vietnamitas e ainda está se desenrolando em 1984, tem sido custosa para o Vietnam. Desde 1975, o Vietnam comunista tem continuamente mantido em armas de 700.000 a 1 milhão de homens, uma maciça mobilização militar de recursos, inacreditável em um dos países mais pobres do mundo.

Como conseqüência da aventura militar no Camboja — e uma pequena incursão no Laos também — um dos mais importantes apoios e supridores do Vietnam, a China, cortou todas as entregas, enquanto os Estados Unidos cancelaram seu prometido auxílio de reconstrução. Mesmo outros países ocidentais cessaram de dar ajuda ao Vietnam. A única exceção foi a Suécia, que continuou a apoiar o "projeto de prestígio" Bai Beng, em 1982-1983, com $ 55 milhões.

O Vietnam, agora, está forçado a depender do auxílio da União Soviética que, durante os recentes anos, bombeou cerca de $ 3 milhões por dia no país. Além disso, 6.000 peritos e conselheiros soviéticos foram mandados para ajudar o regime a colocar em ordem a economia.

Transformações econômicas revolucionárias como as do Vietnam, realizadas contra a vontade da maioria do povo, só podem ser conseguidas através de terrorismo implacável. O decreto de abril de 1978, proibindo o comércio e a manufatura privados, fez com que mais de meio milhão de pessoas deixassem o país, num esforço desesperado de escapar ao terror e à ameaça de inanição e morte. A esses números deve ser adicionado um outro meio milhão do Camboja e do Laos. Em abril de 1983, 840.000 chegaram a novos países, dos quais 493.000 foram para os Estados Unidos, 88.000 para a França, 86.000 para o Canadá e 74.000 para a Austrália. A maior parte deles escapou como refugiados em barcos. Outros 275.000 escaparam pela fronteira para a China, enquanto 150.000 continuaram a viver em acampamentos na Tailândia.[21]

Apesar dos grandes riscos e altos custos em vidas humanas — especialmente entre os refugiados em botes — os horrores do terrorismo e privações eram tais que essas pessoas se aventuraram a escapar. Um editorial no jornal esquerdista francês *Le Monde*, diz o seguinte:

> A tragédia que seu povo experimenta não é causada por uma potência imperialista estrangeira, mas pelo imperialismo doméstico do partido governante.
>
> Se o povo vietnamita, hoje, grita de fome não é devido à teimosia do clima mas a uma política econômica em que o dogma venceu o bom senso. Terrível terrorismo é praticado contra os dissidentes, um terrorismo com campos de escravos e prisões — o Gulag vietnamita. [22]

Recuo do socialismo

> A conscientização de sementes do mal dentro de nós como possibilidades funciona como uma barreira a todos os projetos utópicos que visam à erradicação do mal da sociedade. Quando traduzidas em ação política, elas, sem exceção, conduzem à tirania totalitária.
>
> *Leszek Kolakowski*, 1982.

Depois dos desastrosos fracassos das safras de 1977 e 1978, uma áspera discussão se iniciou entre a ala esquerda linha-dura socialista e a mais pragmática ala direita do partido comunista do Vietnam. As discussões se referiram à política econômica e à necessidade de incentivos materiais mais fortes para os trabalhadores na produção. Essa luta política interna foi vencida pelos pragmatistas. De acordo com o partido, em um momento de autocrítica, não tinha sido dada atenção suficiente à demanda natural do povo por recompensas materiais. Mesmo princípios políticos tais como igual pagamento e igualdade social tinham atenuado a vontade de trabalhare foi pensado que o trabalho duro tinha de ser mais vantajoso. Um sistema com salários diferenciados e taxas de empreitadas, já funcionando no Sul, foi introduzido no Norte.

O recuo mais radical do socialismo foi realizado nas fazendas coletivas do Norte — em forma muito semelhante dos executados na China. "O alimento é mais importante que os princípios" — assim diz um dos motos do partido hoje, e a terra, que anteriormente era possuída coletivamente, foi agora dividida entre as famílias dos camponeses. Cada família deve entregar certas quantidades à coletiva — isto é, ao estado — e é paga de acordo com os preços estabelecidos pelo governo. Quaisquer excedentes que as famílias produzam, podem vender a preços mais favoráveis nos mercados livres atualmente permitidos. Embora os camponeses não tenham reconquistado seus direitos formais de propriedade da terra que eles cultivam, ganharam novamente, até certo ponto, seu status como livres empresários, uma mudança que deve fortalecer seus incentivos para trabalhar e produzir. Recentes grandes aumentos nos preços de aquisição funcionarão no mesmo sentido.

Além dessas reformas agrárias "capitalistas", a ofensiva anticapitalista que foi iniciada em 1978 tem sido calmamente abandonada e tem sido, de fato, substituída por um programa diametralmente oposto. Foram removidos os bloqueios nas estradas em torno de Saigon que impediam os camponeses de transportar seus excedentes para a cidade, a fim de vendê-los nos mercados negros dos famintos moradores da cidade e os mercados negros foram transformados em mercados livres legais. A mais importante fonte de alimento e outros bens agora em Saigon são 15.000 bancas de rua privadas. Comércio privado, firmas de serviço privadas e de manufaturas privadas, com o máximo de vinte empregados, são não apenas permitidas mas encorajadas.

A "nova política econômica" tem claramente tido efeitos favoráveis na produção e no suprimento, mas os problemas estão longe de estar resolvidos. Em 1982, Le Duan, secretário geral do partido, admitiu que tem havido erros e que o último plano qüinqüenal não teve sucesso em corrigi-los todos. Mas também empregou a tática usual de culpar os bodes expiatórios pelos fracassos. Desta vez, uma colheita pobre não podia ser culpada pelo mau tempo. Outros vilões foram apanhados: "oportunistas cujo fervor revolucionário tinha decaído, exploradores, contrabandistas, rufiões e corruptores que recebiam suborno". [23]

CAPÍTULO 12

SRI LANKA

> Sri Lanka oferece, talvez, o mais extraordinário exemplo de uma nação com alto potencial de alimentos, tendo, contudo, uma séria escassez. Os fazendeiros foram simplesmente dissuadidos de realizar o potencial da terra.
>
> *Ronald C. Nairn*, perito agrário americano, 1979.

De celeiro à escassez

> Cada governo que tentou cortar a ração de arroz perdeu a eleição seguinte; cada oposição que prometeu maiores subsídios aos alimentos assumiu o poder.
>
> *C. A. Wachtmeister*, diplomata sueco 1977.

Sri Lanka é uma ilha ao sul da Índia, com 15 milhões de habitantes, 600.000 dos quais vivem na capital Colombo. O país tornou-se independente em 1948 e tinha, desde 1946, uma constituição de uma democracia parlamentarista. Como a maioria dos países provindos de colônias, Sri Lanka escolheu tornar-se um estado de bem-estar socialista. Eventualmente desenvolveu-se em um estado do bem-estar extraordinariamente avançado, cuja estrutura e situação econômica, em 1977, foi assim descrita pelo semanário alemão *Die Welt:*

> Sri Lanka desenvolveu-se (em 1977) como o mais avançado estado do bem-estar, fora da Escandinávia. Cada cidadão — fosse pobre ou rico — recebia dois quilos de arroz grátis mensalmente do estado. Pão, farinha, açúcar e têxteis eram vendidos por preços grandemente subsidiados. A educação, da escola elementar à universidade, era gratuita, assim como as visitas aos médicos, o cuidado hospitalar e as consultas a advogados.
>
> Havia, porém, um problema: a economia, 90 por cento socializada, não era mais capaz de cumprir as promessas de bem-estar. Os alimentos básicos eram verdadeiramente baratos, mas só podiam ser comprados após horas de espera em filas fora das lojas — se pudessem ser por fim adquiridos. Os subsídios do estado consumiam mais da metade do orçamento nacional.[24]

A agricultura não era socialista, mas, seguindo o padrão socialista normal, o governo estabeleceu preços de aquisição dos produtos agrícolas muito abaixo do nível de mercado. Como sempre, o objetivo era favorecer a população urbana e industrial, em cujo apoio o regime baseava seu poder. O perito agrícola americano Ronald C. Nairn diz, dessa política e de seus efeitos:

> Até um grau apreciável, o caso de Sri Lanka é a estória de trinta e oito países onde os políticos decretaram controles de preço sobre o alimento. É nada menos que uma simples exploração de fazendeiros para subsidiar efêmero desenvolvimento industrial (que não ocorre). Mais importante, permite aos políticos comprar e manter o poder por meio da população urbana — isto é, a parte política da popopulação.[25]

A exploração dos camponeses rapidamente matou sua vontade de trabalhar para produzir excedentes para venda. Muitos se adaptaram a uma agricultura de subsistência, não produzindo mais que o necessário para suas famílias. Em breve, este país, que tinha sido mais que auto-suficiente, teve de importar alimento e, finalmente, importar o que correspondia a um terço do que precisava, uma importação que consumia metade de sua renda de exportação.

O colapso do estado do bem-estar

O estado é essa grande entidade fictícia pela qual cada um procura viver às expensas de todos os demais.

Frédéric Bastiat, 1846.

Sirimavo Bandaranaike foi primeira ministra de Sri Lanka na maioria dos anos entre 1960 e 1977 — a primeira mulher, nos tempos modernos, a manter tal posição. Suas ambições políticas eram focalizadas na construção de um moderno estado do bem-estar que ultrapassaria estados semelhantes no abastecimento do cidadão comum. Seguindo o modelo do antigo estado do bem-estar romano, ela distribuía arroz, o gênero mais importante nacional, grátis ao povo. Mas um estado pobre, subdesenvolvido como Sri Lanka, não pode permitir-se pagar por tais distribuições de alimentar com seus próprios recursos; eventualmente, o "consumo de luxo" teria de ser financiado através de empréstimo estrangeiro. Mas a obtenção de créditos se tornou cada vez mais difícil; a dívida crescente significava uma declinante capacidade de crédito e maiores riscos para os emprestadores correspondiam a maiores taxas de juros e mais severos termos de amortização. Os crescentes custos do serviço da dívida significavam que a nação era obrigada a procurar novos créditos. O fim da estrada do crédito estava chegando.

Na década de 1970, Sri Lanka tinha se aproximado desse crítico terceiro estágio. Afluxos de capital do estrangeiro continuamente se reduzindo correspondiam a cada vez maior escassez de matérias-primas, combustíveis, semimanufaturados e sobressalentes para a indústria. A produção foi severamente dificultada, e um quarto da força de trabalho eventualmente perdeu seus empregos. Os fundos suficientes para salários, subsídios e outras despesas não podiam mais ser obtidos. O sistema de bem-estar entrou em colapso.

Acostumado aos privilégios de um sistema de amplo bem-estar público, o povo recusou-se a fazer face à realidade da situação. O eleitorado expressou seu desapontamento votando em partidos que prometiam reestabelecer o bem-estar público. Ao fim de tudo foi forçado a aprender a lição, porém, e convencer-se de que eram necessárias novas políticas.

Sri Lanka é um exemplo notável de um estado de bem-estar populista, com um sistema democrático parlamentarista — um país no qual os partidos políticos sempre tentaram comprar o apoio político do eleitorado com generosas promessas de mais benefícios de bem-estar e mais subsídios — promessas que só podiam ser cumpridas com enormes empréstimos.

O Partido da Liberdade de Bandaranaike, que foi grandemente responsável pelos empréstimos estrangeiros, tentou permanecer no poder prometendo cada vez mais bem-estar público. Depois do colapso final do sistema de bem-estar, a vacuidade das promessas do partido tornou-se totalmente aparente e, na eleição de 1977, o Partido Unido Nacional, de oposição, venceu por maioria esmagadora com uma plataforma que promete um fim da política socialista e da extravagância do bem-estar social e o estabelecimento de uma economia de mercado com incentivos ajustados a uma produção eficiente.

Não só as políticas domésticas foram mudadas radicalmente. Sob a liderança do Primeiro Ministro — depois Presidente — Junius Jayewardene, o novo regime começou a se inclinar para o Ocidente e tentou obter apoio ali, especialmente dos Estados Unidos. Em 1981, Sri Lanka candidatou-se a membro da Associação das Nações do Sudoeste da Ásia, uma organização de cinco países não comunistas — Indonésia, Malásia, Filipinas, Singapura e Tailândia.

A estrada da renovação tem de passar pelo colapso e pelo caos?

> Não podemos depender do governo de nenhum partido para liquidar o estado do bem-estar como um ato de patriotismo ou em resposta às preferências do público. No fim, serão as forças de mercado que farão o estado do bem-estar ceder à escolha privada e ao avanço técnico.
>
> *Arthur Seldon*, economista britânico, 1981.

Um estado do bem-estar deve continuar seu caminho para o colapso inevitável? Não é possível perceber o que está acontecendo e mudar o curso dos acontecimentos em tempo? Antecipar a terminação das fontes de capital estrangeiros? Ver a necessidade de adaptar os programas de bem-estar público ao que a economia doméstica pode proporcionar?

As experiências parecem confirmar o triste fato de que é extremamente difícil em uma democracia parlamentar antecipar futuras ameaças e mudar o curso em tempo de evitar problemas. Qualquer partido que tente impedir o colapso iminente através de programas de austeridade está fadado a enfrentar protestos indignados e a perder as eleições. Cada grupo considera sacrossantos seus próprios interesses; os sacrifícios simplesmente devem ser feitos em outro lugar. Economias propostas, então, geralmente significam "desarmamento social", com severas conseqüências para os grupos que são socialmente fracos — famílias com crianças, os doentes, os desempregados, os idosos.

Em qualquer estado de bem-estar, os cidadãos, seguindo padrões de comportamento bem estabelecidos, estão sempre preparados para exigir mais bem-estar e a ferozmente defender os benefícios de bem-estar existentes. Ainda mais, os cidadãos em tais estados estão organizados em sindicatos e associações, com administradores de lojas e outros representantes que são pagos e treinados a pedir mais para seus grupos e a defender os privilégios existentes com todo o seu vigor.

O colapso do sistema de bem-estar público de Sri Lanka podia ter sido antecipado. Mas a maioria dos cidadãos se recusava a levar a sério prenúncios e avisos. Os partidos políticos que propunham economia e uma redução dos benefícios do bem-estar público foram regularmente derrotados nas eleições. Os cidadãos só se convenceram de que políticas radicalmente novas eram necessárias quando a teoria e as projeções se tornaram fatos, quando o sistema do bem-estar inteiro entrou em colapso, quando escassez, filas e privações se tornaram experiências diárias, quando as indústrias manufatureiras, por falta de material, combustível e outros insumos necessários, foram forçados a parar a produção e a despedir pessoal.

O novo regime assumiu o governo de uma sociedade em ruínas; começou a reconstrução da linha de partida. Não foi necessário privar o povo dos benefícios do bem-estar social que eles tinham tido anteriormente; essa tarefa ingrata tinha sido realizada durante o caos e o colapso do governo anterior. O novo governo não teve de aumentar os baixos preços subsidiados; os sistemas de subsídios e de controle de preços pelo estado tinham entrado em colapso sob o governo anterior e os preços já tinham subido explosivamente.

Desde 1977, com o advento do governo Jayewardene, o povo já viu resultados positivos. Foram criados não menos que um milhão de novos empregos e o desemprego diminuiu de 24 por cento em 1977 para 10 por cento em 1983. O suprimento de alimento aumentou decididamente e as filas fora das lojas foram eliminadas. Os incentivos de produção foram restaurados na agricultura e em outras indústrias e a taxa média de crescimento anual, desde 1977, foi de 6 por cento. Os benefícios do bem-estar tiveram de ser cortados drasticamente pelo novo governo, mas, apesar das severas dores da retirada, os cidadãos foram obrigados a reconhecer que as novas políticas funcionavam. Sua confiança e satisfação foram demonstradas em 1979 e 1982, quando o Partido Unido Nacional ganhou as eleições por uma grande margem.

A fim de dar à economia doméstica um impulso, empresas estrangeiras privadas, através de anúncios do governo nos jornais e revistas ocidentais, foram convidadas a investir e estabelecer-se em Sri Lanka; foram-lhes prometidas baixas taxas e livre uso dos lucros Singapura foi o modelo aqui. Como em Singapura, Sri Lanka estabeleceu uma zona livre, na qual, em 1983, cerca de quarenta empresas estrangeiras, com 20.000 empregados, se haviam instalado. A maioria das anteriores altas muralhas das tarifas de Sri Lanka foram derrubadas. Em vez de impedir as importações, o novo regime experimentou estimular as exportações criando um ambiente empresarial favorável.

CAPÍTULO 13

GANA

> A mais urgente tarefa das ciências sociais deve ser o estudo referente às involuntárias conseqüências de ação humana voluntária.
>
> *Karl Popper,* 1957.

A rápida destruição de um ambiente saudável

> Tenho receio de que estamos à frente de uma permanente crise de alimento na África.
>
> *Maurice Williams,* diretor executivo do Conselho de Alimentação Mundial, 1981.

Durante o período colonial, Gana, com seus 12 milhões de habitantes — Acra, a maior cidade, tem perto de um milhão — era chamada de Costa do Ouro, porque tinham encontrado ouro ali. Quando, em 1957, tornou-se independente, foi o primeiro país africano em que a população nativa assumiu o poder. Kwame Nkrumah, presidente de Gana desde 1960, era um grande admirador do comunismo soviético e chinês. Sob a bandeira do "socialismo africano", ele estava determinado a instalar um sistema comunista em seu próprio país.

Cacau era a mercadoria de exportação dominante e Gana, na época da independência, era, sem dúvida, o maior produtor de cacau do mundo. De acordo com o novo regime, o cacau seria a vaca leiteira que iria nutrir a rápida industrialização e um amplo sistema de bem-estar, os dois artigos principais do programa proposto.

Mas eram os produtores de cacau que seriam ordenhados. Baixos preços de aquisição foram estabelecidos pelo monopólio de compra estatal. Foram estabelecidos em níveis tão baixos que o governo pôde obter gordos lucros quando o cacau foi exportado e, como nos tempos feudais, a grande massa de camponeses foi deixada empobrecida.

Os camponeses, naturalmente, fizeram o que puderam para escapar de serem roubados. Venderam seus excedentes no mercado negro e os que moravam perto da fronteira tentaram contrabandear suas safras para os países vizinhos — principalmente Togo e Costa do Marfim — a preços duas ou três vezes mais altos que os preços de aquisição do governo de Gana. Naturalmente, os camponeses em breve perderam incentivo de produzir, e a produção de cacau, com a qual o regime socialista tinha planejado viver bem, apenas murchou. Compare-se o desenvolvimento da produção dos quatro mais importantes produtores de cacau do mundo.

TABELA 5

Produção de amêndoas de cacau de 1960 a 1982 (em milhares de toneladas)

País	1960	1964	1970	1974	1978	1982
Brasil	160	154	197	181	309	314
Costa do Marfim	94	145	179	185	350	456
Gana	439	581	406	416	270	225
Nigéria	198	298	305	241	180	181

Fonte: Nações Unidas, Organização para Agricultura e Alimento: *Almanaque anual da produção.*

De um modesto começo, o Brasil e a Costa do Marfim, dois estados de mercado, não socialistas, tinham constantemente aumentado sua parte no mercado e, em 1977, ambos tinham se igualado e ultrapassado Gana, até então o produtor líder.

Gana é um exemplo como país em que o governo, através de controles de preços e um monopólio de compra estatal, demonstrou uma habilidade de destruir rapidamente um ambiente empresarial. As conseqüências — para as exportações, importações, padrão de vida e crescimento econômico — foram fatais.

A arte de transformar um país rico em pobre

> Tenho receio de que, dentro de dez anos, a África será governada, em todos os lugares, por pequenos exércitos pobremente equipados que, mesmo assim, serão os senhores do resto da população.
>
> *Gunnar Myrdal,* 1971.

Agora, Gana passou pelo ciclo de vida típico de um país socialista. Depois que a maior parte de seus recursos de capital secou e que o potencial do crédito no exterior foi consumido, importações extremamente necessárias tiveram de ser cortadas drasticamente. Por causa da escassez e de outras condições negativas, somente a metade do potencial de produção do país pôde ser realizada. A economia passou para o terceiro estágio do socialismo: crise. A produção doméstica só podia prover metade dos alimentos básicos necessários, tais como o milho, o arroz e o inhame.

A produção de cacau, que em 1964-1965 tinha sido de 581.000 toneladas de amêndoas, diminuiu, dezoito anos depois, em 1982-1983, para menos de 30 por cento do seu volume anterior — 178.000 toneladas. Isto só podia significar uma catastrófica redução nas rendas do governo. Por outro lado, o governo se tornou deficiente na manutenção das estradas e pontes e, com uma crise posterior de combustível, as comunicações e o transporte tiveram um colapso total. Somente a metade das 225.000 toneladas de amêndoas de cacau, comprada pelo governo em 1980-1981, pôde ser transportada até os portos da costa e exportada. O resto foi deixado para apodrecer.

A economia ganense foi rapidamente declarada a mais caótica da África — título ganho em dura competição com outros candidatos. A situação econômica do país no princípio de 1983 foi descrita por um jornalista americano:

> Muitas fábricas foram fechadas completamente por falta de material, enquanto que as que continuaram abertas operavam comumente a apenas 10 por cento de sua capacidade. As colheitas de mandioca, o principal vegetal da dieta ganense. caíram para 1,8 milhão de toneladas, menos 3,6 milhões de toneladas do que dez anos antes.
>
> O maior simples fracasso econômico de Gana, porém, foi a precipitada queda na produção de cacau, que soma 70% das exportações do país. Só 200.000 toneladas serão produzidas este ano, em contraste com as 500.000 de doze anos atrás. Razão: regimes sucessivos forçaram artificialmente baixos preços para os fazendeiros, que, então, abandonaram o cacau por culturas mais lucrativas. Enquanto isto, os já minguantes lucros da exportação eram lançados em projetos industriais que falharam em grande parte. Como resultado, a dívida externa de Gana excede a $ 2 bilhões, o equivalente a dois anos de exportações. [26]

O governo encontrou vários bodes expiatórios — preços de óleo aumentados, mau tempo, e outros — mas a causa real da crise foi, claramente, a política governamental. Um dos mais populares bodes expiatórios entre os países subdesenvolvidos — falta de recursos naturais — não podia ser usado por Gana. É um dos países mais bem dotados do mundo; solo fértil, alto índice pluviométrico e um clima favorável criam um ambiente natural ideal para a agricultura. Várias safras por ano podem ser usualmente colhidas. Há também ricos afloramentos de manganês, baixita, óleo, diamantes e ouro. Como produtor de ouro, Gana ocupava o quinto lugar entre os países do mundo em 1974, uma posição que não pôde manter; em 1981 tinha caído para o nono lugar.

O controle de preços é uma parte essencial da política governamental em Gana; regulamentos do estado são aplicados *como se* o objetivo fosse destruir a indústria e reduzir a produção. Raras vezes na história, a erradicação de preços de mercado custou tanto em preço político como em Gana.

Taxas de câmbio determinadas, em particular, tiveram conseqüências desastrosas para o comércio exterior em Gana. Em 1978, o valor do cedi, a unidade monetária de Gana, foi estabelecido pelo governo em 2,75 cedi por dólar, enquanto, no mercado negro, a taxa era de 40. Os vendedores do mercado negro operam com extremo risco e têm de incluir prêmios de riscos em seus preços. Esse prêmio, sob a forma de preços extremamente altos, são pagos pelos consumidores que não são capazes de adquirir alimento e outras necessidades nos mercados legais.

Se se supuser que a taxa de câmbio para o cedi no mercado livre legal fosse de 27,50 — 40 menos um prêmio de risco de 12,50 — deve-se concluir que os exportadores de 1978 ficariam privados de 90 por cento de seu capital. Quando fossem trocar seus dólares ganhos, eles receberiam 27,50 cedis mas, verdadeiramente, só estariam recebendo 2,75. Ninguém pode permitir-se exportar em tais condições — na realidade, 90 por cento de taxas nas mercadorias exportadas. Todos os exportadores ganeses, em 1978, tinham que burlar os regulamentos estatais, legal ou ilegalmente. Ainda mais, o governo de Gana tinha estabelecido preços tão baixos em quinze mercadorias "vitais" que toda a produção delas e seu comércio legal tinha-se tornado impossível. Só porque o mercado apanhou toda a produção e a distribuição, o desastre foi evitado.

Mas os incentivos da produção tinham sido seriamente enfraquecidos pelos controles de preços. Os consumidores que o governo queria favorecer instituindo controles de preços, na verdade pagaram mais e eram capazes de comprar menos do que o fariam em um mercado livre, com preços livres. Mais uma vez o observador é relembrado do *efeito Mises,* expresso nas próprias palavras de Ludwig von Mises:

> A economia não diz que a interferência isolada do governo nos preços de uma mercadoria ou de umas poucas mercadorias é injusto, mau ou impraticável. Diz que tal interferência produz resultados contrários ao seu propósito, que torna as condições piores, não melhores, sob o ponto de vista do governo e os que apóiam sua interferência. [27]

O Fundo Monetário Internacional, principal fonte de crédito exterior de Gana, fez o possível para tornar as políticas econômicas do país mais racionais. O FMI só queria garantir futuros créditos se as seguintes condições fossem oferecidas:

— Uma radical desvalorização da moeda.

— Um radical aumento no preço de aquisição do cacau.

— Um radical aumento nos preços do combustível.

Em novembro de 1981, o preço de aquisição do cacau foi aumentado de 120 cedi para 360 por saco de 30 quilos, parecendo, assim, preencher a segunda condição — mas apenas parecendo. A triplicação do preço foi obviamente insuficiente para compensar a inflação, cuja taxa estava aproximadamente em 100 por cento ao ano.

Por várias razões, o governo estava querendo menos aceder à primeira condição, desvalorização. Tal medida significaria uma explosão dos preços das mercadorias importadas, algo que iria desgostar inteiramente a população urbana, o apoio político do governo. Embora os baixos preços controlados tornassem as importações impossíveis, o povo parecia preferir os preços nominais baixos e viver sem as mercadorias importadas do que pagar altos preços e ter tais mercadorias disponíveis.

Quando sob a pressão da desvalorização, também, todos os governos vêm sua moeda como um símbolo nacional, uma bandeira. A desvalorização não é somente uma admissão oficial de fracasso político, mas também uma humilhação nacional, comparável a golpear a bandeira. Muito embora uma desvalorização radical seja um requisito absoluto para a revitalização das exportações legais, um governo fraco a adiará tanto quanto possível.

Uma semelhante visão tão curta impediu o governo de aumentar o preço dos combustíveis para motor. O baixo nível do preço em que os combustíveis estão agora estabelecidos estimula o consumo de luxo entre os privilegiados habitantes da cidade com carros particulares, assim como impedem importações. A falta de combustível tem contribuído para o colapso das comunicações e do transporte em Gana. Em 1984, para tornar as coisas piores, a eletricidade só existiu dia sim, dia não.

A situação de Gana é ótima para ilustrar as conseqüências devastadoras de estabelecer preços politicamente, em vez de deixar o mercado determiná-los, em um país em que um governo fraco, dependente da boa vontade dos grupos consumidores, não se atreve a prescrever aumentos de preços que são absolutamente necessários. O problema dos preços politicamente controlados é encontrado não apenas em todos os países do bem-estar socialista mas em muitos do bem-estar capitalista também. Raras vezes, contudo, houve uma política de baixos preços levada a tais extremos absurdos como em Gana, se houve alguma. E raras vezes, um país rico foi transformado em pobre tão rápida e inequivocamente, se houver algum.

O pai político de Gana

> O controle da produção de riquezas é o próprio controle da vida humana.
>
> *Hilaire Belloc*, 1912.

O fato do primeiro líder político de Gana, Kwame Nkrumah, primeiro ministro desde 1957 e presidente desde 1960, ter sido, originalmente, algo como uma figura de patriarca, que gozou de grande prestígio dentro e fora do país, não diminui os efeitos devastadores na indústria e na provisão de bens que eram as lógicas e inevitáveis conseqüências de suas políticas socialistas. A insatisfação entre os duramente feridos dirigidos por Nkrumah chegou a tais proporções que, em 1966 — menos de uma década depois de conseguirem a independência nacional —, os líderes militares consideraram seu dever interferir e depor Nkrumah. Embora a junta militar eventualmente tenha entregue o poder a governos civis, estes permaneceram dependentes do favor e do apoio das forças militares. Embora cada novo governo tenha começado com solenes votos de abolir a inflação, a corrupção, a estagnação e a escassez, as condições ficavam continuamente piores e, depois de curto tempo, o governo havia exaurido a boa vontade da nação e tinha de resignar. E a situação não melhorou nem mesmo quando o Tenente da Força Aérea Jerry Rawlngs assumiu o poder em um golpe militar em 1979 e quando, após um interlúdio civil, ele novamente tomou o poder na noite do Ano Novo em 1981.

Gana foi a primeira das antigas áreas coloniais na África a se tornar uma nação independente e é compreensível que a população, assim como seus líderes políticos vivessem em êxtase com a independência, confiando que a independência nacional e o socialismo, juntos, seriam as chaves da porta para um feliz e próspero futuro. É igualmente compreensível que, no ano da independência de 1957, Kwame Nkrumah, como o primeiro líder político na nova nação, tenha feito o seguinte voto:

> É o dever de Gana provar que os africanos podem governar-se a si próprios e também que, em um sistema democrático, possam ser tão eficientes como tolerantes. Gana deve tomar a dianteira e funcionar como um modelo para toda a África. [28]

Nkrumah viveu no exílio de 1966 até sua morte em 1972. Em 6 de março de 1982, quando Gana celebrou seu vigésimo quinto aniversário como uma nação livre, ninguém foi bastante indiscreto para lembrar o voto de Nkrumah.

Quando perto de um milhão de refugiados da origem ganense foram expulsos da Nigéria no princípio de 1983 e forçados a retornar ao país natal, a situação social e econômica em Gana estava, naturalmente, sob tensão maior do que nunca.

CAPÍTULO 14

TANZÂNIA

> Se se quisesse apenas ser feliz, conseguir a felicidade teria sido fácil. Mas queremos ser mais felizes que os outros, o que é difícil, porque acreditamos que os outros são mais felizes do que eles realmente são.
>
> *Charles de Montesquieu,* 1748.

Políticas de socialização depois de 1961

> Os que nos prometeram o paraíso na Terra, nunca produziram nada senão um inferno.
>
> *Karl Popper,* 1945.

A Tanzânia, com uma população de 19 milhões em 1983, dos quais 900.000 viviam na capital Dar es Salaam, tornou-se uma nação independente em 1961. Julius Nyerere, um socialista confirmado, foi eleito presidente em 1962.

Durante os primeiros anos, o governo esteve totalmente ocupado com a transformação do país, de uma área colonial sob a hegemonia britânica em uma nação livre. Em 1967, contudo, a chamada Declaração Arusha, um programa para a implementação do socialismo na economia, foi expedida. Subseqüentemente, todas as empresas industriais importantes, incluindo bancos, companhias de seguros, companhias de comércio de exportação e até muitas das maiores plantações foram socializadas.

Na Tanzânia, 90 por cento da população ganhavam a vida como pequenos camponeses em estabelecimentos dispersos. De acordo com o modelo soviético, tal multidão de pequenas "ineficientes" fazendas tinha que ser concentrada em grandes "eficientes" coletivas — chamadas vilas *ujamaa*. O programa de socializar a agricultura foi esboçado apenas esquematicamente na Declaração Arusha. Alguns meses mais tarde, em 1967, o Presidente Nyerere expediu a proclamação *Desenvolvimento rural e socialismo,* no qual ele apresentou o programa detalhado. Entre os princípios que deveriam dirigir a transformação, Nyerere mencionou:

— Respeito pelo indivíduo.

— Trabalho compulsório.

— Empresas cooperativas.

— Migração voluntária dentro das coletivas.

E, de acordo com o plano de socialização, a transformação deveria realizar-se em três estágios:

— Depois que as famílias tivessem sido restabelecidas em grandes vilas, a terra deveria ser temporariamente cultivada privadamente.

— A transição para a produção coletiva deveria ser efetuada gradual e calmamente.

— O último estágio, uma agricultura coletiva em larga escala, deveria ser conseguida pela persuação, não pela força. Lotes privados deveriam ser permitidos.

Embora os camponeses fossem atormentados com escolas, lojas, centros de cuidados médicos, e abertura de poços nas vilas *ujamaas,* o restabelecimento pelo qual o governo tinha esperado fez apenas pequenos progressos. A fim de acelerar a migração, o governo fez outras ofertas: transporte livre para as coletivas, materiais de construção grátis, alimento gratuito até que a primeira safra fosse colhida, maquinaria agrícola grátis e acesso ao crédito em termos favoráveis. Mas, apesar da crescente generosidade do governo e das intensificadas campanhas de propaganda, os camponeses estavam relutantes; em 1974 somente 2,5 milhões de pessoas haviam se mudado para as coletivas.

O governo tinha, agora, de escolher entre aceitar uma situação em que só 20 por cento do programa tinham se realizado ou abandonar o princípio do voluntariado. O governo escolheu o último e aplicou métodos tão severos e eficazes que, durante os dois anos subseqüentes, a população das vilas *ujamaas* cresceu de 2,5 para 13 milhões. Com 90 por cento dos camponeses concentrados nas coletivas, o plano estava perto de se realizar. A fim de impedir que os camponeses regressassem às suas casas, o governo teve, muitas vezes, que queimar os velhos estabelecimentos.

O colapso do coletivismo

> Os homens no poder, usando a lei como um instrumento de pilhagem, são os piores do males sociais, porque eles apagam da consciência de cada um a distinção entre o bem e o mal e, assim, solapam o respeito pela lei sem o qual nenhuma sociedade pode existir.
>
> *Frédéric Bastiat,* 1846.

O áspero, algumas vezes brutal, tratamento das populações rurais mostrou que os socialistas que haviam assumido o poder na Tanzânia, apesar dos princípios humanos que endossavam, não eram diferentes de seus semelhantes em outros países socialistas. No esforço de socializar, não hesitaram em empregar a força. Mesmo em um país tão ruralmente orientado como a Tanzânia, a população do campo tornou-se o grupo de fora — ferramentas para conseguir um objetivo socialista.

De acordo com os planos, cada vila *ujamaa* deveria ser estabelecida com 250 famílias, as quais, usando máquinas e moderna tecnologia, deveriam cultivar as vastas terras pertencentes à vila. Os planos eram apenas sonhos socialistas e nunca passaram disto. Hoje talvez uma dúzia de 8.000 *ujamaas* funcionem mais ou menos de acordo com o plano original. Nas outras, a maior parte da terra foi dividida e cada família agora cultiva seus próprios campos, como se fossem propriedade privada.

Este recuo da agricultura socialista é, de várias maneiras, semelhante aos correspondentes na China e no Vietnam. Não implica, porém, num retorno ao sistema original, em que os camponeses cultivavam pequenos estabelecimentos privados espalhados. Para grande desvantagem da cultura privada, os camponeses ainda vivem nas novas grandes vilas. A distância da vila para o campo de cada família é, agora, maior do que antes da concentração dos estabelecimentos e as mulheres devem andar grandes distâncias para apanhar a madeira seca que é necessária como combustível para cozinhar.

A opressão dos camponeses

> As agências, na Tanzânia, que, agindo como monopólios do estado, estabelecem o preço e o comércio das mercadorias agrícolas, tornaram-se burocracias pesadas, ineficientes e caras — parasitas da população rural. A Suécia tem uma responsabilidade nesta política, que não é apenas apoiada mas exaltada como progressista.
>
> *Carl Hamilton*, economista social democrático sueco, 1982.

A crueldade dos tanzanianos no poder estava inclinada a produzir suspeita e amargor entre os camponeses e estes sentimentos só serviram para abater sua vontade de trabalhar. Quando o governo os ameaçou ainda mais, instituindo controles de preços nos produtos agrícolas, a maioria dos camponeses começou a produzir apenas o suficiente para suas próprias necessidades. Como os ganenses, quaisquer excedentes que os camponeses tanzanianos tivessem, eles os vendiam nos mercados negros. Como sempre, nestas circunstâncias, os consumidores tinham que pagar preços exorbitantes, inclusive os prêmios padronizados do mercado negro para compensar os vendedores pelos riscos da punição. Os camponeses que viviam perto das fronteiras contrabandeavam seus excedentes para os países vizinhos, onde os preços eram, usualmente, muitas vezes mais altos que os preços domésticos controlados. Em seu esforço para cessar o contrabando, o governo tanzaniano fechou, em 1977, a fronteira com o Quênia (foi reaberta em novembro de 1983). O preço que a Tanzânia teve de pagar foi a perda de um comércio turista lucrativo e da renda de um considerável tráfico entre Quênia e Zâmbia.

Os líderes da Tanzânia, como seus irmãos nos outros países socialistas, sempre mantiveram que seu principal objetivo era ajudar os pobres e fracos em sua sociedade; foi a esta mensagem que foi dada ênfase especial na Declaração Arusha da Tanzânia. Na realidade, os socialistas seguiram uma política oposta, favorecendo os prósperos e os fortes — os trabalhadores industriais, a polícia, os soldados e os burocratas — e saqueando os membros mais fracos da população, os camponeses. A brecha entre a teoria e a prática, entre a retórica e a realidade, neste "país modelo", era realmente ampla.

O crescimento na Tanzânia não virá enquanto os empresários — os camponeses — não tiverem um ambiente social e econômico com fortes incentivos para a produção. E, até que a Tanzânia possa passar da retórica socialista à instituição realística de medidas que envolvam seu povo, a crise econômica só poderá piorar.

Estagnação e escassez

> A pobreza não é mais o maior obstáculo no desenvolvimento dos países socialistas do terceiro mundo. É o próprio socialismo. A Tanzânia é um estado em decadência. A experiência socialista lhe trouxe caos, corrupção, ineficiência e crime.
>
> *Svenska Dagbladet*, 9 de fevereiro de 1981.

Em 1979, cinco anos depois do restabelecimento forçado, a produção agrícola doméstica na Tanzânia já estava incapacitada de fornecer alimento para as cidades. As importações tiveram de ser aumentadas para compensar o declínio da produção e, em 1980, não menos da metade do alimento necessário na Tanzânia estava sendo importada. Uma década de política agrícola socialista tinha sido suficiente para destruir o sistema sócio-ecológico. Em uma economia fundamentalmente agrícola, na qual 80 por cento da renda de exportação no passado vinha dos excedentes agrícolas, uma crescente parcela da minguante renda de exportação, nos recentes anos, tinha de ser usada para pagar as importações de comida.

Até então, tinha sido possível financiar as grandes importações por meio de programas de auxílio estrangeiro e por empréstimos externos, mas a intensificação da crise econômica tornou os emprestadores potenciais cada vez menos dispostos. Escassez de materiais necessários se seguiu e, em conseqüência, o volume da produção industrial em 1982 foi reduzido à metade. Um relatório em um jornal norueguês declara:

> Grandes setores do sistema de produção estão parados, as filas para alimento na capital Dar es Salaam nunca foram tão longas e as prateleiras das lojas nunca tão vazias.[29]

A escassez de combustíveis e de sobressalentes, e uma ausência geral de manutenção das estradas, causaram o colapso de todo o sistema de comunicações. A falta de meios de transporte significava, entre outras coisas, que os excedentes de alimento produzidos em diferentes regiões eram, muitas vezes deixados apodrecer. Os camponeses não estavam, então, inclinados a produzir excedentes. Até a produção de eletricidade e as comunicações telefônicas foram atingidas com violência — funcionavam somente intermitentemente.

A Tanzânia começou uma linha aérea nacional, um importante símbolo de *status* entre os países em desenvolvimento, mas, em 1981, a Air Tanzânia foi obrigada a tirar da circulação dois recém-adquiridos aviões, devido a uma escassez de sobressalentes, e o tráfico para países estrangeiros teve de ser cancelado.

Todos os anos, desde 1979, de acordo com as declarações oficiais, a Tanzânia tem sofrido fracassos de safra devido a secas, grandes chuvas ou enchentes. Longa experiência ensina que as políticas agrícolas e o mau tempo estão fadados a ser eternos companheiros.

Auxílio estrangeiro

> Devemos realmente prolongar as agonias de morte das experiências socialistas em países cujos grupos intelectuais no poder estão dependentes do suprimento de capital do mundo ocidental?
>
> *F. A. Hayek*, 1974.

Como a União Soviética e, mais tarde, Cuba se mostraram cada vez mais impróprias para servir de modelos para os socialistas do mundo ocidental, a Tanzânia, depois da Declaração Arusha em 1967, começou a tomar o lugar delas. Lá, pensava-se, os sonhos seriam realizados. Por razões táticas, a palavra socialismo era raramente mencionada na Tanzânia. Os que estavam no poder preferiam falar em "cooperação", um conceito com um timbre positivo, mesmo entre os não-socialistas. A Tanzânia era apresentada como um modelo de política de desenvolvimento socialista. Não é, portanto, surpreendente, que a Tanzânia se tenha tornado a criança mimada do auxílio ocidental para países em desenvolvimento durante os seis anos entre 1976 e 1982.

O fato dos líderes políticos da Tanzânia, como seus companheiros do Vietnam e de Cuba, terem esbanjado uma grande parte de seus escassos recursos em aventuras militares nos países vizinhos, foi difícil de ser digerido pela opinião mundial. A guerra contra o regime de Idi Amin em Uganda, durante os anos de 1979 a 1982, foi irrazoavelmente dispendiosa para a Tanzânia.

A Declaração de Arusha estabelecia que o objetivo econômico fundamental era o desenvolvimento da economia tanzaniana de tal forma que ela se tornasse auto-suficiente, independente do auxílio estrangeiro. A verdade é, porém, que o país nunca esteve tão longe de ser auto-suficiente ou independente do auxílio estrangeiro do que durante os recentes anos. Em 1982, um jornalista relatava:

> Aproximadamente 70 por cento de todos os produtos foram financiados com dinheiro estrangeiro... Só pequenas quantidades de moedas estrangeiras são deixadas no Tesouro tanzaniano, a maior parte das comunicações estão paradas e o potencial industrial só é utilizado em 60 por cento. [30]

A triste realidade está emergindo e os emprestadores e entregadores de auxílio estrangeiro estão começando a expressar dúvidas a respeito da Tanzânia. O fluxo de recursos do estrangeiro foi cortado consideravelmente durante os recentes anos e ameaça secar inteiramente.

Os últimos dias do regime de Nyerere

> Você, povo de nosso país, colocou sobre mim uma pesada carga de responsabilidade. Esta carga eu aceitei com um senso de humildade e gratidão.
>
> *Julius Nyerere*, em seu discurso de posse, 1962.

Depois de uma visita à Tanzânia em 1982, o comentarista de rádio norueguês apresentou o seguinte quadro de um país em profunda decadência econômica:

> Nos dias em que o pão era entregue nas lojas, o povo tinha que fazer filas durantes horas. Mesmo mercadorias como sabão, pasta de dentes, sal, farinha, óleo de cozinha, baterias e bandagens estavam faltando. O povo estava com fome e povo faminto se torna desesperado. Quando eu visitei a Tanzânia em 1974, muitas coisas estavam faltando, também, mas o povo ainda tinha otimismo e entusiasmo. Eles ouviam o Presidente Nyerere: se eles trabalhassem bastante, o futuro seria melhor. Agora, as declarações do presidente perderam sua magia; o povo está resignado. A verdade brutal é que a política do Presidente Nyerere falhou completamente... Os tanzanianos são incapazes de dirigir as muitas empresas do estado, e, hoje, a produção é apenas de 30 por cento de seu volume de alguns anos atrás. [31]

A responsabilidade pelos desenvolvimentos social e econômico durante o domínio de um governo deve ser assumida por esse governo. Para o de Nyerere, a carga era muito pesada para agüentar e ele desesperadamente tentou encontrar os convenientes bodes expiatórios. A 5 de abril de 1983, em um longo e emocionado discurso, declarou guerra à corrupção e aos especuladores do mercado negro. Ele convocou o povo a denunciar todas as pessoas que estivessem vendendo mercadorias nos mercados negros. Os ofensores não deveriam ser julgados por cortes ordinárias, mas mandados diretamente para o campo, para trabalhar na agricultura. O país não podia permitir-se aos "shows" jurídicos das cortes. Uma semana depois do discurso, pelo menos quatrocentos funcionários civis, negociantes e "especuladores" do mercado negro foram presos.

O presidente nunca mencionou que a corrupção e o mercado

negro eram os resultados naturais da escassez criada pelas políticas do governo tanzaniano. Nem disse também que os altos preços do mercado negro tinham, de fato, estimulado a produção de alimentos e de outras necessidades que, de outro modo, nunca teriam sido conseguidos e, assim, na realidade salvaram vidas sem conta de tanzanianos. Nem falou, também, que sua campanha contra o mercado negro iria piorar a escassez e significar inanição e morte para muitos.

Cônscios da severa crise social e econômica em andamento, os líderes do exército decidiram interferir. Vinte oficiais tanzanianos tentaram derrubar o regime de Nyerere em janeiro de 1983; foi um golpe que falhou. Cada vez mais tanzanianos concordariam que uma revolta do exército pode ser a única salvação possível para uma situação insuportável. Quando virá a próxima?

CAPÍTULO 15

CUBA

> Pobre povo cubano — emergindo da praga Batista para ser inflingido pelo cólera Castro.
>
> *Fernando Arrabal,* autor espanhol no exílio, 1982.

O Shangri-La do socialismo

> O que sempre tem feito do estado um inferno na Terra tem sido, precisamente, que o homem tem tentado fazê-lo seu paraíso.
>
> *Friedrich Hoelderlin,* 1797.

Em Cuba, que tem, agora, uma população de 10 milhões, 1 milhão da qual vive na capital, Havana, um grupo socialista, sob a liderança de Fidel Castro, tomou conta do poder em janeiro de 1959. Ideologicamente, o grupo era firmemente aliado à União Soviética que, nos anos subseqüentes, deu ao novo estado socialista um abrangente apoio econômico.

Todas as propriedades de mais de 400 hectares de terra arável foram socializadas — isto é, confiscadas — em maio de 1959. A maioria delas era de plantações de açúcar e tabaco, de propriedade de estrangeiros. Um passo adiante na estrada do socialismo foi dado em 1963 quando as propriedades de mais de 67 hectares foram socializadas.

Nenhuma fazenda coletiva estava prevista nos planos — um desvio do modelo soviético. A maioria das grandes plantações e propriedades confiscadas foram convertidas em fazendas estatais, enquanto uma pequena parte da terra foi distribuída a trabalhadores agrícolas como pequenas fazendas. Como toda a terra tinha sido socializada, os muitos camponeses privados se tornaram arrendatários. Ficaram, porém, isentos de pagamentos não só de aluguel como de impostos, por isso a reforma da terra gozou de grande popularidade, pelo menos no seu estágio inicial. Mais tarde, o entusiasmo foi reduzido significativamente pelos controles de preços, o que significava baixos pagamentos aos camponeses por seus produtos. Todas as empresas industriais, de comércio e transporte, exceto pequenas firmas familiares, foram também socializadas, assim como todos os imóveis alugados.

O novo regime era extraordinariamente "generoso" em sua política. Não só os camponeses privados eram isentos de aluguel e impostos, mas também, os locatários habitacionais eram dispensados do pagamento de aluguel. Os passageiros de transportes públicos não tinham que pagar nada e nenhuma cobrança era feita pelos chamados de cabines telefônicas. A educação e o cuidado médico eram gratuitos. No entusiasmo socialista geral, ninguém perguntava onde esta terra empobrecida iria encontrar recursos para pagar essa generosidade cavalheiresca. O novo regime queria, obviamente, conceber um Shangri-La socialista, onde todas as necessidades seriam satisfeitas, livres de encargos.

Socialismo e escassez: companheiros inescapáveis

> Os povos do ocidente não compreendem a miséria que é Cuba. Há apenas duas categorias de pessoas: guardas e prisioneiros.
>
> *Cosme Caballero,* refugiado cubano de 1980.

O novo regime socialista, que tinha confiscado todas as terras e todas as empresas, sem compensação para seus proprietários anteriores, os "capitalistas", parecia ter todas as vantagens do seu lado. Enquanto as empresas capitalistas anteriores estavam sobrecarregadas com grandes pagamentos de serviço de dívida, com aluguel arrendamentos, as empresas socialistas podiam começar do nada, inteiramente livres de tais encargos. Tal situação deve parecer a um negociante capitalista um sonho do paraíso. Certamente, para todos os sonhadores socialistas do mundo, parecia um paraíso. Muito breve, porém, tornou-se aparente que a maior parte parecia um paraíso de louco.

Confiscar o aparelho de produção de um país com armas e violência — os proprietários anteriores chamaram isto de roubo — foi uma operação simples para os vitoriosos da revolução. Uma operação decididamente mais difícil seria fazer o aparelho funcionar produtivamente sob as novas condições de um sistema socialista.

Em Cuba, esta tarefa foi ainda mais difícil pelo fato de que Castro e seus colegas, como típicos sonhadores socialistas, acreditavam que o povo trabalharia fortemente, tomado de entusiasmo pela santa causa do socialismo, sem o incentivo de salários e pagamentos normais. Em Cuba, as realidades apareceram rápida e inquestionavelmente. Tanto a agricultura como a indústria funcionaram pobremente no novo sistema socialista, um fato que era exposto, sem piedade, pela escassez de alimento e necessidade — escassez que significava amargo sofrimento. Empregando um amplo sistema de racionamento, os líderes políticos tentaram distribuir suprimentos escassos de uma maneira socialmente aceitável. Fizeram o povo acreditar que a escassez e as filas eram doenças infantis do socialismo, aborrecimentos temporários que iriam desaparecer em breve. Eles não desapareceram, porém, e o sistema de racionamento não só continuou como se expandiu.

Trabalho forçado e militarização

O entusiasmo revolucionário que os trabalhadores demonstraram durante o período inicial breve começou a esfriar. Baixos salários e escassos suprimentos das necessidades vitais, repartidos entre eles, diminuíram sua vontade de trabalhar e o absenteísmo nas empresas estatais aumentou rapidamente até atingir a um terço da força de trabalho.

Quando um regime socialista é forçado a admitir que o entusiasmo socialista não é incentivo suficiente para inspirar trabalho vigoroso, ocasionalmente ele aprende suas lições e conclui que são necessários melhores incentivos materiais. Embora Castro, em seus muitos e prolongados discursos, ocasionalmente tenha chegado a tais conclusões, mais seguidamente ele se vale do remédio favorito do socialismo, a coerção pelo estado. Foram promulgadas leis contra a "vadiagem" — contra "ociosos e parasitas". As leis autorizavam o regime a controlar o trabalho de todos os cidadãos por meio de livros de trabalho individual compulsório e foram prescritas severas punições contra o absenteísmo. As forças militares foram mobilizadas para funcionar como inspetores e controladores da execução do trabalho e ordenadas para agir contra todos os ociosos. Muitas vezes, especialmente durante a colheita, a população foi mobilizada para o dito trabalho voluntário e, mesmo então, soldados foram usados para ver que as pessoas se apresentavam para o trabalho e faziam o que se esperava delas.

Cuba é um dos maiores produtores de açúcar do mundo, sua produção de exportação dominante. Num estágio inicial, o novo regime declarou que uma ênfase muito grande na produção de açúcar — uma espécie de monocultura — era uma forma de exploração capitalista. O açúcar deveria, portanto, ser substituído em parte por outras plantações. Em 1964, contudo, uma repentina e completa reversão na política foi decidida. A produção de 10 milhões de toneladas de açúcar em 1970 foi proclamada como um novo objetivo nacional. Já que 7,2 milhões de toneladas tinham sido colhidas doze anos antes, o objetivo proclamado poderia ser obtido. De acordo com o plano, um enorme suprimento de máquinas estaria disponível em 1970 de modo que a maior parte do trabalho de colheita poderia ser executado mecanicamente.

O plano demonstrou ter sido baseado apenas na vontade, porque não estavam disponíveis em 1970 mais máquinas do que em 1964 e 98 por cento da safra de açúcar tiveram de ser colhidos manualmente. Num esforço desesperado de atingir o objetivo, todo o país foi mobilizado; foram requisitados mais de um milhão de "voluntários". A mobilização foi conseguida por meio de persuasão, pressão e ameaças, tudo supervisionado pela força militar. Foi, de fato, trabalho forçado. Apesar da "total mobilização do povo", não foram produzidas mais de 8,5 milhões de toneladas — um novo recorde, certamente, mas longe do objetivo proclamado.

A extrema concentração de recursos no setor do açúcar tinha de ser paga por reduções correspondentes em outros setores. O regime de Castro tinha, sem dúvida, submetido a tensão excessiva as forças a seu dispor; durante os cinco anos seguintes, só uma média de 5,6 milhões de toneladas de açúcar foi produzida anualmente. O recorde de 1970 ainda se mantinha em 1983.

Deterioração econômica

> A comissão de distribuição de água decidiu que ela fosse fornecida gratuitamente.... Mas, qual foi o resultado? O desperdício de água foi incrível. Muitos nem se incomodaram de fechar a torneira. O povo parecia esquecido da necessidade de economizar água. O princípio comunista produziu perda no suprimento de água.
>
> *Fidel Castro*, 1973.

A inabilidade do regime de conseguir as máquinas para a colheita do açúcar em 1970 foi típica. Simplesmente nunca foi capaz de permitir-se tais compras. Quando um regime, de acordo com o antigo modelo populista romano, quer comprar a boa vontade e o apoio do povo, oferecendo-lhe benefícios como educação gratuita, cuidados médicos grátis, facilidades de comunicações grátis ou baratas, habitação, água, eletricidade, telefones e alimento subsidiado e de preço controlado, o resultado inevitável é a escassez em todos esses serviços e mercadorias, inclusive uma escassez de capital para investimento e desenvolvimento industrial. Ainda pior, haverá uma escassez de capital para reinvestimento — isto é, reparação e manutenção de bens existentes.

Se os cidadãos são convidados a viver nas habitações e não se cobram aluguéis, não haverá capital disponível para manter o existente nem para construir novos. Uma severa escassez de espaço habitacional se desenvolverá e o estoque existente de habitações se deteriorará em cortiços. E se se oferece aos cidadãos água gratuita, o sistema hidráulico e os encanamentos breve entrarão em colapso por falta de manutenção. O mesmo acontecerá com a eletricidade e com as comunicações.

Semelhantemente, não haverá capital suficiente para a educação e o cuidado médico gratuitos e, como conseqüência, os padrões declinarão.

Na indústria, os trabalhadores cubanos tinham que utilizar, o maior tempo possível, velhas máquinas e ferramentas. Como lhes faltavam sobressalentes para manutenção e reparações, e faltava capital para matérias primas, combustíveis e novas máquinas, cada vez uma menor quantidade do equipamento estava usável e a produção declinou. O regime tentou suavizar a situação, favorecendo os trabalhadores industriais e os habitantes das cidades com alimento barato. Assim fizeram impondo controles de preços — mais uma vez às expensas dos camponeses. Mas o alimento barato para os privilegiados apenas trouxeram escassez e filas ainda mais longas. Eventualmente tornou-se necessário legalizar o rapidamente crescente mercado negro e permitir aos camponeses vender seus excedentes a preços livres, uma rendição às forças do mercado semelhante às da China e do Vietnam.

Em Cuba, tal como agora já aprendemos a esperar, as fracas colheitas e a escassez de alimento foram imputadas ao mau tempo. Ou a um fungo que causou uma safra de tabaco extremamente pobre em 1980, quando Cuba, pela primeira vez em sua história, teve de importar tabaco. Um regime socialista no comando do aparelho de coerção estatal terá um tempo mais que suficiente para inventar uma escassez de tabaco em Havana — ou, semelhantemente, uma insuficiência de carvão em Newcastle.

O direito ao trabalho

> Eu me recuso a falar a respeito de Cuba da mesma forma que sobre o Chile de Pinochet, a Nicarágua de Somoza e o Paraguai de Stroessner. Mas os direitos humanos devem ser defendidos em qualquer lugar onde são violados.
>
> *Per Wästberg*, autor sueco, 1979.

O direito de trabalhar é um dos que foram legalmente prometidos aos cubanos após a revolução de 1959. Antes de 1959 o desemprego era alto, e, em 1962, 8 por cento da força de trabalho foram mencionados como ainda estando sem trabalho. Foram tentados vários métodos de reduzir o desemprego; um obrigava a dobrar ou triplicar o número de trabalhadores nas fábricas e nas fazendas do estado. O pleno emprego foi finalmente conseguido e, em 1978, queixas de escassez de mão-de-obra foram ouvidas em Cuba, queixas que deram aos socialistas do Ocidente infestado de desemprego oportunidades para falar orgulhosamente da inata superioridade do socialismo.

Em 1980, porém, Castro foi forçado a admitir que o desemprego tinha atingido Cuba novamente. Nas fábricas de tabaco, onde foi necessário despedir cerca de 10.000 trabalhadores, a situação adversa podia ser imputada a uma catástrofe natural, sobre uma pobre colheita. Na indústria da construção, onde os projetos em andamento tiveram de parar por causa de uma escassez de materiais de construção, foi mais difícil encontrar explicações aceitáveis. Muitos dos trabalhadores em construção perderam seus empregos. A produção tanto de cimento como de tijolos exigiam grandes volumes de óleo e Cuba não podia mais permitir-se importar tanto petróleo quanto anteriormente.

Faltando capital para pagar as importações, Cuba começou a experimentar a escassez e, assim, a produção nas empresas estatais diminuiu. Apesar do fato de que significativamente eram mantidos mais trablhadores do que o permitido pela situação, grandes quantidades de pessoas tiveram de ser demitidas.

O novo regime de Cuba achou bastante fácil proclamar uma lei garantindo a todos o direito ao trabalho; muito mais difícil foi a tarefa de criar um ambiente econômico e social no qual a demanda de mão-de-obra igualaria ou ultrapassaria a oferta — isto é, uma economia com pleno emprego.

O minguante fluxo de auxílio

O apoio econômico pela União Soviética foi muito importante para Cuba. Ela regularmente compra metade da safra de açúcar cubano a alto preço e entrega grandes quantidades de petróleo a Cuba, a baixos preços. Quantidades de peritos e conselheiros técnicos e militares foram mandados para Cuba, juntos com enormes carregamentos de armas e material bélico. Muitas das entregas soviéticas eram presentes, outras eram tornadas possíveis por créditos generosos.

Nos recentes anos, contudo, a União Soviética tem achado cada vez mais difícil conceder seus recursos tão cavalheirescamente. Quatro anos de fracassos de safras, preços declinantes para a exportação de mercadorias importantes como óleo, gás natural, ouro e diamantes e as agudas necessidades de países dentro do bloco soviético, principalmente a Polônia, por maior assistência, reduziram drasticamente as possibilidades da União Soviética de oferecer ajuda. Durante esses anos, portanto, o auxílio soviético a Cuba tem sido reduzido em valor e volume; a falta de combustível em Cuba para a produção de materiais de construção é apenas um indicador do decréscimo da ajuda soviética.

Não apenas o auxílio da União Soviética foi reduzido como o fluxo de ajuda estrangeira de outros países ricos decresceu significativamente quando o socialismo cubano se revelou por sua opressão e fracassos. E para Cuba, que baseou sua produção assim como seu serviço de bem-estar público em amplas importações, empréstimos externos e ajuda, esta redução substancial de renda está produzindo efeitos desastrosos.

Fuga do paraíso

> O principal direito do homem é permitirem que viva em liberdade em sua terra, não que deixe seu país natal par ter liberdade no estrangeiro.
>
> *Ludvik Vaculik*, autor tcheco, 1982.

Sob nenhum governo em sua história, Cuba teve tantos exilados, tantos executados e tantos prisioneiros políticos como tem tido sob o governo de Castro. O povo cubano não pode apresentar críticas ou desapontamento abertamente ou por meio de eleições gerais livres. Os cubanos, porém, diferentemente de muitos outros nos países socialistas, tiveram possibilidade, ocasionalmente, de votar com seus pés. Entre 1959 e 1971, cerca de 250.000 cubanos tiveram permissão de deixar o país. A maioria usou o caminho mais rápido —

para a Flórida, para os Estados Unidos. Mas, em 1971, o fluxo era excessivo e a emigração foi sustada.

Em abril de 1980, a guarda cubana nos portões da embaixada peruana foi retirada e milhares de cubanos viram sua oportunidade; refugiaram-se nos terrenos da embaixada. Depois de alguns dias difíceis de incerteza e privação, permitiram-lhes deixar Cuba. Os portões nacionais foram, de fato, abertos mais uma vez e por cinco meses uma corrente de "refugiados em barcos" cubanos conseguiu sair.

Desde 1959, aproximadamente 1 milhão de cubanos — 10 por cento da população — partiram, demonstrando que preferem a vida como refugiados em um país estrangeiro do que a vida como cidadãos de uma terra natal socialista.

De acordo com Rabindranath Tagore, uma árvore arrancada pelas raízes não consegue, assim, ganhar sua liberdade. Cada ser humano é profundamente enraizado em sua terra natal e somente severa necessidade ou ameaças de terror pode fazer com que dez por cento da população de um país escolha a vida como refugiado.

Terra prometida do socialismo — sonho e realidade

> Os suecos não deveriam fazer-se cúmplices de uma ditadura restritiva da liberdade. Nossa sensibilidade à opressão não deve ser seletiva. Não devemos ficar indignados somente contra os crimes que tenham sido cometidos ou estão sendo cometidos por ditaduras da direita.
>
> *Armando Valladares*, autor cubano no exílio, 1983.

No princípio da década de 1960, os sonhadores socialistas do mundo chegaram à convicção — até admitindo abertamente — que sua esperança por um paraíso, a União Soviética, tinha amargamente falhado em preencher suas expectativas. Para esses sonhadores "sem pátria", que tinham uma forte necessidade de ancorar suas esperanças em um próspero estado socialista, a revolução cubana de 1959 chegou como um bem-vindo presente. Os peregrinos socialistas que tinham, anteriormente, invadido o primeiro lar do socialismo, a União Soviética, encontraram, agora, em Cuba, um novo céu ideológico.

E, para os socialistas, Cuba parecia realmente um modelo — um país que oferecia não só educação e cuidados médicos gratuitos, como nos países do bem-estar capitalista, mas água, eletricidade, terra, casas e facilidades de comunicações grátis (ou muito baratas). O sonho do Shangri-La, um sonho tão antigo quanto ingênuo, tinha, afinal, se realizado em Cuba.

Desde 1975, a realidade por trás da fachada do socialismo cubano se tinha revelado. Os idealistas do socialismo tiveram seus olhos abertos e até admitiram os fracassos de Cuba. Um jornalista, no outono de 1979, escreveu em louvor:

> Sob o governo de Castro, Cuba foi e permanece um modelo para o Terceiro Mundo. Gratuidade de educação, de cuidados médicos e bem-estar social tornou-se uma realidade para a maioria. [32]

Mas, anexa a essa homenagem, essa submissa declaração de fidelidade a velhas idéias, estava uma observação de uma quantidade de lamentáveis "mudanças para pior":

> Foram dados à polícia secreta poderes cada vez maiores e a burocratização tornou-se cada vez mais semelhante à descrita por Kafka. Os autores são impedidos de escrever. O PEN Clube de Cuba (uma associação internacional de autores) está inoperante há muito tempo. Por muitos anos, o número de prisioneiros políticos foi o mais alto do mundo. Um em cada dez cubanos abandonou o país desde a revolução. [32]

CAPÍTULO 16

ARGENTINA

Perón é filho de nossos erros. Durante décadas tivemos a oportunidade de fazer alguma coisa pela grande massa de pobres, tanto na cidade como no campo, e a perdemos. Depois veio Perón, viu a oportunidade e a aproveitou.

Russell H. Fitzgibbon, 1952.

Coronel Juan Perón

No livro **A hora do povo,** Juan Perón antecipou a vitória final do socialismo na América Latina. Obviamente, considerava-se um socialista, mas nunca escondeu sua admiração por Mussolini.

Sixten Palm, jornalista sueco, 1982.

A tomada do poder por uma junta militar na Argentina, em junho de 1943, veio como resultado de fortes tensões sobre política doméstica entre grupos opostos. Um oficial daquele grupo militar, Coronel Juan Perón, subiu do virtual anonimato ao poder absoluto. Em dezembro de 1943 foi designado ministro do Trabalho; no ano seguinte, tornou-se ministro da Defesa e, então, vice-presidente. Perón em breve se tornou a personalidade política líder, embora muitos — inclusive membros militares — criticassem fortemente sua imagem de "amigo dos trabalhadores" e políticas "socialistas".

Em várias ocasiões durante o outono de 1945, vários grupos militares tentaram depô-lo e, em outubro daquele ano, um dos golpes teve sucesso e Perón foi preso. Mas os trabalhadores e os poderosos sindicatos, para quem Perón era um símbolo, organizaram violentas demonstrações em Buenos Aires e forçaram os adversários de Perón a um recuo. Ele foi reempossado, seu prestígio vastamente aumentado.

Em fevereiro de 1945, foi eleito presidente da Argentina por uma esmagadora maioria — 299 votos eleitorais em 365. Seus principais apoiadores foram os 7 milhões de trabalhadores do país, inclusive os trabalhadores agrícolas — os "descamisados". *Seu* partido, originalmente o Partido dos Trabalhadores, foi rebatizado mais tarde como Partido Peronista. Ele nunca se apresentou como um socialista durante aquele primeiro período no poder — um período que durou até 1955 — e a classe média o apoiou. Durante seus subseqüentes anos de exílio na Espanha, Perón, evidentemente, sentiu-se livre para falar mais abertamente.

Sob as bandeiras do socialismo

> Considero-me um socialista e sinto-me profundamente desapontado porque os soviéticos no poder nunca verificaram isto e, portanto, nunca me apoiaram. Meu sonho foi, de fato, tornar-me o Fidel Castro da Argentina.
>
> *Juan Perón,* no exílio, 1965.

Um estudo da política econômica seguida por Perón de 1943 a 1955 revela grandes semelhanças com as que acabamos de reconhecer nas anteriores análises dos estados socialistas, Perón tornou-se presidente em junho de 1946 e, dentro de meses, apresentou um plano qüinqüenal, cujo ponto mais focalizado (seguindo os estabelecidos padrões socialistas) era uma rápida industrialização do país. O plano foi fortemente apoiado pelos trabalhadores industriais, um grupo privilegiado sob o regime de Perón, aos quais era garantido alimento barato, semana de trabalho menor, férias, salário mínimo e o privilégio de pedir pagamento mais alto.

Muitas grandes companhias na Argentina eram de propriedade estrangeira. Por causa da pobreza e da falta de capital, de investimento doméstico, negociantes estrangeiros tinham sido convidados a organizar suas empresas na Argentina. Mas Perón não podia, seja como nacionalista ou como socialista, aceitar esse "capitalismo" estrangeiro. Sua socialização — "nacionalização" — das estradas de ferro, do serviço telefônico e de muitas das maiores empresas, incluindo bancos e companhias de seguros, tornaram-se muito populares com as massas.

As indústrias estatais argentinas, porém, eram ineficientemente dirigidas e encontraram dificuldades para enfrentar a competição da importação do estrangeiro. Como nacionalista, Perón se apressou a aumentar os impostos sobre a importação, a fim de proteger as indústrias nacionais; aplicou esse apoio tão generosamente que os impostos em muitas mercadorias se tornaram proibitivos.

Se a rápida industrialização era o principal objetivo do plano qüinqüenal, a rápida expansão do sistema de bem-estar público era um evidente segundo. A maior parte do sistema deveria ser financiada por uma taxa sobre a folha de pagamento a ser paga pelos empregadores. Depois de uma série de aumentos, essas taxas eventualmente chegaram a 60 por cento do orçamento total de salários.

Política agrícola e suas conseqüências

> Perón comprou barato os produtos agrícolas e vendeu-os caro a um mundo faminto. Ele encarava as fazendas como uma vaca leiteira com úberes infalíveis, mas, cedo ou tarde, a fonte da abundância estava fadada a secar.
>
> *Jack Winocur*, jornalista americano, 1952.

Os pampas argentinos atingem 500.000 quilômetros quadrados. Um clima favorável e um rico solo tornam-nos uma das quatro mais importantes áreas agrícolas do mundo, sendo as outras o sul da Rússia, o norte da China e as planícies da América do Norte. A área "per capita" das terras aráveis da Argentina, hoje, é de 1,25 hectares; nos Estados Unidos é de 0,83 e na União Soviética, 0,87.[33]

Mas nem mesmo as melhores condições naturais poderão garantir um suprimento de alimento suficiente para a população de uma nação, se as políticas econômicas do governo não encorajarem os fazendeiros. A Argentina, sob Perón, conseguiu converter seus excedentes em déficits.

O processo segue o padrão de casos já ilustrados. Perón, como seus correspondentes em outros países, baseava seu poder no apoio político da população urbana, os trabalhadores industriais. Pela sua lealdade, os habitantes da cidade pediam alimento barato, um favor que esperavam que Perón lhes garantiria impondo regulamentos estatais. Ele correspondeu à sua demanda com controles de preços e exigindo que os camponeses fizessem entregas compulsórias à agência de compras do estado. Desde o princípio, os preços de aquisição foram estabelecidos tão baixos que a agência foi capaz de exportar grão com um lucro de 300 por cento.

Em sua ânsia de satisfazer as demandas de seus apoiadores políticos, Perón, apesar dos preços de aquisição extremamente baixos, ainda, em seguida, subsidiou o pão e a carne vendidos aos consumidores domésticos. Tal política de preço baixo conduz a estimular o consumo e a dificultar a produção — a regra econômica é bastante simples: a população é encorajada a comprar mais, os fazendeiros, a produzir menos. Estabeleceu-se uma brecha entre a oferta e a demanda, que se ampliava continuamente.

A Argentina foi a primeira entre os exportadores de carne, durante décadas, mas, em 1950, foi ultrapassada pela Nova Zelândia e, em 1952, pela Dinamarca, ambos países menores. Durante as décadas de 1950 e 1960, a Argentina mantave-se na posição de um dos três maiores exportadores de carne do mundo, mas na de 1970, sua posição declinou drasticamente e, em 1981, foi reduzida ao número dez. Ironicamente, Perón pensou que seria capaz de aumentar a produção de carne proibindo os camponeses de matar seus bezerros.

Os preços da carne da Argentina estimulavam fortemente o consumo e, a fim de salvar algumas quantidades para exportação, Perón — sem elevar os preços — tentou sustar o consumo doméstico, instituindo, em 1951 e 1952, um sistema de racionamento de carne, no qual ela não podia ser vendida nas lojas ou servida em restaurantes dois dias por semana. Apesar dessas restrições, o consumo médio argentino, de carne e de porco, por pessoa, no início da década de 1950 era acima de 220 libras (um recorde mundial), enquanto a quantidade correspondente nos Estados Unidos era de 165 libras e na Grã-Bretanha de cerca de 110 libras.

A produção de carne é grande consumidora de recursos e, por causa disso, a carne de boi e de porco são alimentos muito caros.

Quando, por seu preço e pelas políticas de subsídio, o governo argentino estimulou o consumo, a um grau tal que o consumo "per capita" da Argentina, um país pobre, era substancialmente mais que o dos Estados Unidos, o mais rico país do mundo, a política econômica indicava incrível desperdício.

Em 1946, Perón estabeleceu um plano qüinqüenal, no qual imensos recursos eram usados para subsidiar o consumo de luxo da carne, recursos que eram o mais urgentemente necessários para investimento na subdesenvolvida indústria da Argentina. De acordo com o plano, a rápida industrialização era o principal objetivo de Perón, mas, tendo em vista as grandes quantidades de escassos recursos alocados para consumo de puro luxo, está claro que essa política estava, ao todo, completamente inconsciente com a da industrialização. No caso argentino, planejamento evidentemente não era um exercício racional.

A política de Perón também afetou a produção de grão, e severos fracassos de safra se seguiram em 1949, 1950 e 1951. Mau tempo e secas foram oficialmente citados como as causas. A verdade é que a extensão da plantação de trigo nesses anos caiu tão baixo que números correspondentes só podem ser encontrados durante os primeiros anos do século. Em 1951, a safra de trigo foi somente 40 por cento da do ano anterior; a colheita de linhaça foi reduzida a 10 por cento. Ainda pior, as exportações de milho, em 1951, caíram a 3 por cento e a de trigo, a 2 por cento do volume de antes da guerra. A drástica diminuição das exportações inevitavelmente significava uma violenta diminuição das importações e, como a indústria do país é altamente dependente das mercadorias importadas, severos cortes na produção não puderam ser evitados.

A estrada de Perón para a crise e o caos

> A Argentina é um país rico e esparsamente povoado, 23 milhões de pessoas em 2,5 milhões de quilômetros quadrados. Que tudo tenha corrido tão errado nesse país é um dos grandes mistérios de nosso tempo.
>
> *V. S. Naipaul*, autor britânico, 1973.

Finalmente, virtualmente tudo estava com suprimento deficiente — carne, pão, manteiga, leite, vinho, queijo, sal, açúcar, café, chá, grão, até fósforos. Os baixos preços controlados, fora da realidade, tinham tornado a situação insustentável. O mercado negro gradualmente se apossou da distribuição.

Os argentinos começaram a expressar forte insatisfação com os preços em rápida ascenção. A poderosa CGT — Confederação Geral dos Trabalhadores — controlada pelos peronistas, forçou finalmente Perón a tomar fortes medidas contra os negociantes e proprietários de lojas que tivessem violado os decretos de controle de preços. Centenas de lojas de alimento fecharam, seus proprietários foram capturados e sentenciados à prisão. Desta vez, os socialistas fizeram dos negociantes e proprietários de lojas os bodes expiatórios das políticas devastadoras e absurdas do governo. E a perseguição às empresas privadas só tornou o problema de suprimento ainda pior.

Como a situação estava constantemente se deteriorando, Perón mudou a eleição presidencial de fevereiro de 1952 para novembro de 1951. Com sua reeleição assegurada, Perón sentiu-se bastante seguro para começar o novo período corrigindo alguns dos piores erros de sua política econômica anterior. Para fortalecer os incentivos à produção dos camponeses, os preços de aquisição foram radicalmente aumentados na primavera de 1952. E, para reduzir os explosivos déficits orçamentários, a maioria dos subsídios de alimentos foram eliminados. Como poderia ser esperado, algo como uma explosão de preços se seguiu.

Inicialmente, Perón tentou pagar o amplo sistema de bem estar público esvaziando as grandes reservas de câmbio exterior que se tinha acumulado durante a II Guerra Mundial e fazendo empréstimos pesadamente no estrangeiro. Apesar disto, não pôde evitar a estagnação e uma crescente deterioração para o caos econômico. Tentou compensar seus apoiadores políticos, os trabalhadores industriais, pela inflação galopante, iniciando aumentos de salários, mas a política de austeridade introduzida em 1952 esporeou a insatisfação popular a novas alturas. Seguiram-se demonstrações e greves, fazendo Perón colocar-se em conflito com seus próprios apoiadores. Quando uma greve geral das estradas de ferro paralisou o sistema de transportes do país, Perón ameaçou punir severamente os grevistas se eles não retornassem ao trabalho.

Como mencionado anteriormente, os militares eram críticos das políticas socialistas de Perón, desde o princípio, mas ele tentou sempre ganhar o apoio militar dando grande ênfase à defesa e generosos privilégios aos oficiais. Mas, apesar dos favores de Perón, o exército não era um aliado político de confiança. Como acontece muitas vezes quando um regime político segue uma política que se encaminha para um desastre econômico, os militares consideraram seu dever interferir e instalar um novo regime.

O exército argentino não agiu, porém, até 1955, quando eles forçaram Perón a resignar e a deixar o país. A revolta do exército era apoiada pela Igreja Católica e pela oposição liberal, enquanto as simpatias dos trabalhadores e dos sindicatos ainda estavam com Perón, o "trabalhador líder da nação". Mesmo durante os anos de seu exílio, Perón continuou a exercer forte poder político na Argentina e, em 1973, depois de dezoito anos de exílio, ganhou uma esmagadora vitória eleitoral que o permitiu retornar em triunfo. Durante o exílio, porém, ele envelhecera — estava com setenta e oito anos e seriamente doente. Morreu no ano seguinte. Após sua morte, sua viúva assumiu provisoriamente o poder.

Durante o segundo período peronista, que começou em 1973, o partido seguiu uma política que fortemente favorecia os trabalhadores, às expensas dos camponeses, e, como resultado, a situação política rapidamente se deteriorou. Em 1976, com uma inflação galopante à taxa de 200 a 400 por ano, com a estagnação e o caos econômico às portas da Argentina, os militares assumiram o poder e levaram o regime peronista a um fim pela segunda vez.

A herança de Perón

> Apesar dos erros e tensões internas, o peronismo sobreviveu a todas as crises. Ainda é tão natural para os trabalhadores argentinos votar nos peronistas como é para os trabalhadores da Europa Ocidental votar nos socialistas ou comunistas.
>
> *Christer Morling*, jornalista sueco, 1982.

Embora em 1955 Perón tenha sido deposto, o peronismo, de modo algum, terminou na Argentina. O partido Peronista, cujo poder era baseado no apoio político dos trabalhadores industriais e seus sindicatos, seguiu uma política que fez de seus apoiadores uma classe privilegiada. Uma classe privilegiada está sempre preparada para lutar com unhas e dentes por seus privilégios. E, assim como é fácil para um regime garantir favores para uma certa classe, é difícil para outro regime privar aquela classe dos privilégios que conheceu e que considera como parte e parcela da ordem natural. Os trabalhadores que Perón havia favorecido estavam organizados em fortes sindicatos e estavam preparados para atacar o "desarmamento social" e a defender seus privilégios. Quando o novo governo, em 1955, herdou uma sociedade em bancarrota do primeiro regime peronista, não é surpreende que ele não pudesse eliminar os privilégios e estabelecer uma economia sadia. E as dificuldades não eram menos severas para os governos que assumiram em 1976, depois do fim do segundo regime peronista. Uma interdição legal da Confederação Geral dos Trabalhadores, expedida em 1976, não mudou muito a situação.

Desde 1976, os vários governos militares seguiram, com sucesso limitado, uma política econômica liberal. Numa tentativa de restaurar uma economia de mercado, entre outras coisas, venderam ações das companhias anteriormente socializadas, no mercado aberto. Os protestos contra essa política "capitalista" tornaram-se tão fortes, contudo, que, na primavera de 1982, o governo teve de parar as vendas. Mesmo as juntas militares, preparadas para empregar armas e força para defender seu poder, são tão ávidas como os regimes populistas em tentar ganhar a simpatia e o apoio das massas.

Desde 1946, o primeiro ano de Perón como presidente, os argentinos tiveram de viver com inflação galopante. Entre 1946 e 1982, o valor da moeda nacional, o peso, caiu para um centésimo milésimo de seu valor anterior em relação ao dólar. Com os aumentos médios de preços de mais de 100 por cento por ano, a taxa de inflação na Argentina, para os anos de 1981, 1982 e 1983 era a mais alta do mundo. Quando os aumentos de preços atingiram a taxa de 33% em 1983, o recorde estabelecido em 1976 foi ultrapassado. Raul Alfonsín, que ganhou as eleições presidenciais de 1983, prometeu que, se fosse eleito, manteria a taxa de inflação abaixo de 100% em 1984 — uma difícil promessa para a Argentina cumprir.

Em 1970, o governo resolveu substituir um novo peso em vez de antigo, golpeado pela inflação. O novo peso era igual a 100 antigos pesos. Em 1983, a ocasião estava oportuna para uma nova reforma da moeda e, desta vez, o novo peso foi igual a 10.000 antigos pesos. Em vez de pagar 15.000 antigos pesos por uma xícara de café, você pagaria o aparentemente mais razoável 1,50.

Diminuições desastrosas nas exportações e importações tinham criado problemas para a Argentina desde 1950. Mas escassez e condições negativas finalmente atingiram a indústria e ela ficou incapaz de operar com mais que a metade de sua capacidade. Durante a década de 1980, de acordo com os observadores, o desemprego cresceu para aproximadamente 20 por cento — os números oficiais eram menores e o padrão de vida caiu a um nível igual a cerca de 60 por cento do anterior. Quando as reduzidas exportações se tornaram insuficientes para pagar as importações necessárias, os sucessivos governos tentaram manter os volumes das importações através de pesados empréstimos externos. Quando os governos militares argentinos de 1976 a 1983 aumentaram a dívida externa de $8 para $40 bilhões, tornaram-se vítimas do narcótico de pedir empréstimos para aliviar e adiar as dores sociais e econômicas.

Com sua população de 28 milhões em 1983, a Argentina tinha uma dívida externa que somava $40 bilhões — maior, "per capita", do que as do Brasil, México e Polônia. Nesse mesmo ano, os pagamentos do serviço da dívida da Argentina consumiram 150 por cento da renda de exportação do país. O que deve ser considerado um milagre é que, até 1982, os governos argentinos puderam, largamente, cumprir suas obrigações de pagamento; o fluxo de novos empréstimos tornou isso possível. Já em outubro de 1982, o FMI deu à Argentina um empréstimo de emergência de $2 bilhões. O empréstimo, porém, não era sem estipulações; exigia políticas governamentais mais austeras. Em outubro de 1983, o FMI anunciou que essas condições não haviam sido cumpridas e concluiu que quaisquer outros empréstimos à Argentina deviam ser cancelados. A declaração do FMI deu o sinal aos bancos privados estrangeiros para parar futuros empréstimos. Esse sinal foi a confirmação final da bancarrota argentina.

Mas a herança peronista legou ainda mais. A Argentina, um país muito rico em recursos naturais, foi — até 1930 — um dos estados de maior imigração do mundo, uma terra que recebeu cerca de 6 milhões de imigrantes durante os cinqüenta anos anteriores. Nos recentes anos, porém, as condições domésticas se tornaram tão desagradáveis que muitos preferiram deixar o país. Hoje a Argentina é um país de emigração; durante alguns anos, mais de 2 milhões de pessoas — 8 por cento da população — simplesmente saíram. Como muitas delas são pessoas educadas, essa emigração representa um sério "dreno cerebral" para o país.

Lições da experiência peronista

> A Argentina não pode tornar-se um estado democrático até que o peronismo tenha desaparecido. Mas o peronismo não desaparecerá até que a Argentina se torne um estado democrático.
>
> *Buenos Aires Herald*, 11 de maio de 1982.

O solo e o clima deram à Argentina uma posição entre os quatro maiores países agrícolas do mundo. Tem recursos naturais, também, tais como ferro, cobre e óleo, que são importantes ativos industriais. E 90 por cento de sua população adulta é alfabetizada.

A experiência peronista demonstra o fato de que nenhum recurso natural no mundo é suficiente garantia para um padrão de vida favorável; que uma política econômica não sadia converterá a riqueza em pobreza. A experiência peronista demonstra ainda as dificuldades aparentemente insuperáveis encontradas por um novo regime que tenta reintroduzir uma economia de mercado, reduzindo o sistema do bem estar público a proporções que o país pode pagar com sua própria produção e exportação.

Os sistemas de bem estar, seguindo os padrões de crescimento construídos dentro de seu traçado, parecem destinados a desenvolver elefantíase e, com isso, são destinados a ser despedaçados sob seu próprio peso. A questão crucial é se a destruição final pode ser impedida por uma política de reforma que, gradualmente, desmantele o colosso bem estar. Em Sri Lanka, como vimos anteriormente, o sistema de bem estar caminha para um triste fim. O regime responsável pelo sistema foi deixado ficar no poder até chegar o colapso. O novo governo antiprivilégios não teve que acabar com eles ou reduzir o bem estar público. Antes dele tomar o poder, o sistema retirante tinha entrado em colapso e, assim, o novo regime podia concentrar-se na tarefa popular de restaurar um estado em ruínas.

Em contraste, o novo governo que assumiu na Argentina depois do desaparecimento do segundo regime peronista em 1976, herdou um desequilibrado sistema de privilégios e sentiu-se obrigado pelo dever de tentar evitar o colapso, implantando uma política de austeridade. Os grupos privilegiados, porém, defenderam seus privilégios tão ardentemente que apenas porções limitadas do programa de austeridade puderam ser efetuadas. O novo regime só pôde manter-se no poder por causa de seu forte apoio militar. Bastante estranhamente, as leis de estado de emergência, introduzidas pelo regime peronista em 1974, foram mantidas até outubro de 1983, pelos governos antiperonistas que o substituíram.

Desde o golpe de 1976, oficiais militares governaram o país como presidentes. Quando o Presidente Roberto Viola, o segundo deles, foi deposto em dezembro de 1981, depois de apenas oito meses de governo, seus adversários citaram seu completo fracasso em resolver a pior crise econômica nos 165 anos da história da Argentina.

O sucessor do Presidente Viola, General e Comandante-em-Chefe Leopoldo Galtieri, ordenou a ocupação das Ilhas Falkland quatro meses depois, a 2 de abril de 1982 — obviamente uma manobra política diversionária, um esforço para levar a atenção para longe do caos econômico no país. A ação mostrou-se um sucesso político inicialmente, porque toda a população — inclusive os peronistas, inimigos ferrenhos do regime militar — saudaram a ocupação com fervor patriótico. Mas seguiu-se a guerra com a Grã-Bretanha. Quando o exército da Argentina rendeu-se em junho, depois de 1.366 perdas, o General Galtieri teve de deixar o palácio presidencial e a cena política. Foi sucedido por um general da reselva do exército, Reynaldo Bignone, que tentou seguir uma política econômica "ofensiva e de expansão" — o oposto da impopular política de austeridade anterior — na esperança de evitar confrontos com os peronistas. Contudo, nenhuma concessão podia apaziguar as massas. A 16 de dezembro de 1982, 100.000 argentinos fizeram demonstrações contra o regime militar na Plaza de Mayo, em Buenos Aires — as mesmas massas que, alguns meses antes, tinham saudado o regime militar por sua corajosa ocupação das Ilhas Falkland.

Depois da derrota nas Falkland, com todas as reservas líquidas exauridas e com uma inflação galopante acompanhando a pior crise econômica na história argentina, o regime militar teve, por fim, de se render. Em dezembro de 1982, prometeram ao povo argentino eleições democráticas antes do final de 1983, depois da qual o poder seria transferido para as mãos de um governo civil. As eleições foram marcadas para 30 de outubro de 1983 e seriam as primeiras eleições gerais em dez anos; o novo governo assumiria em dezembro de 1983.

Nas eleições de outubro, o Partido Radical — ao contrário de todas as previsões — ganhou por uma absoluta maioria, com 52 por cento dos votos; o Partido Peronista teve de satisfazer-se com 40 por cento. Dez anos antes, nas eleições de 1973, a proporção entre os dois partido tinha sido 24 para os radicais e 62 por cento para os peronistas. Quando, pela primeira vez em sua história, os peronistas perderam uma eleição, a derrota podia ser atribuída principalmente à brecha entre a teoria e a prática das políticas peronistas. Seus dois período do governo tinham terminado em completo colapso econômico e a lua de mel com o povo argentino estava claramente terminada.

A fim de atrair os votos da classe média, o Partido Peronista nunca se declarou um partido socialista. Oficialmente, era, acima de tudo, um partido de bem estar nacionalista, mas isso não impedia de seguir políticas socialistas. A essa respeito, não era, certamente, o único fenômeno; em muitos países de bem estar, partidos "burgueses" seguiram políticas socialistas.

Os argentinos, que em eleições anteriores tinham apoiado os peronistas. deram agora seus votos aos radicais evidentemente por que sentiam que, decididamente, eram necessárias novas políticas. E, como os radicais geralmente são considerados direitistas e os peronistas, esquerdistas, as eleições de 1983 marcam uma virada na história política argentina.

Quando, em dezembro de 1983, o novo presidente Raul Alfonsín e seu novo governo radical assumiram o poder, estavam face a problemas sociais e econômicos extremamente difíceis. Em 1984, $14 bilhões de dívidas externas serão devidos em pagamento; isso além dos $7 bilhões que foram devidos em 1982 e 1983. Sem novos empréstimos, a Argentina não será capaz de pagar um único desses bilhões, e novos créditos serão certamente muito limitados em quantidade. Para piorar o desolador quadro econômico, a indústria manufatureira, em dezembro de 1983, estava utilizando apenas uma fração de seu potencial, devido à falta de combustível, matérias primas e sobressalentes. A agricultura, devido à exploração anterior, estava produzindo a meia velocidade.

Os argentinos têm de começar pelo princípio. Devem enfrentar trabalho pesado e sofrer privações antes de poderem construir uma maquinaria nova de produção, saindo das ruínas. Sua única solução está em uma dura política de austeridade — um remédio amargo que os argentinos terão dificuldade de engolir. Como está, expressam seu protesto e desespero armando greves gerais. A de 4 de outubro de 1983 foi a terceira daquele ano. Cada greve, certamente, significa apenas menos produção e pior escassez. Mas os demonstradores parecem completamente inconscientes das relações causais entre seu próprio comportamento político e a presente crise. Os trabalhadores industriais e a população urbana, os apoiadores dos governos de Perón, sempre exigiram alimento barato como um privilégio. Eles não estão convencidos de que, quando os governos populistas peronistas lhes davam alimento barato, o privilégio vinha às custas dos camponeses. E foi a exploração dos camponeses que destruiu o ambiente empresarial na agricultura argentina. Essa opressão do camponês terá, certamente, de mudar se a Argentina quer sair da crise.

parte III

Crise e Empresariado no Ocidente

Muitos países em todo o mundo estão, hoje, experimentando uma inflação socialmente destrutiva, desemprego anormalmente alto, mau uso dos recursos econômicos e, em alguns casos, a supressão da liberdade humana, não porque homens maus deliberadamente procuraram chegar a esses resultados, nem por causa de diferenças em valores entre seus cidadãos, mas por causa de julgamentos errôneos sobre as conseqüências de medidas do governo: erros que, pelo menos em princípio, são capazes de ser corrigidos pelo progresso da ciência econômica positiva.

Milton Friedman, Prêmio Nobel, 1976

CAPÍTULO 17

CAPITALISMO E CRISE ECONÔMICA

> Estamos na mais profunda crise desde a década de 1930, talvez ainda pior, e problemas extraordinariamente severos nos aguardam no futuro.
>
> *Gunnar Myrdal,* Prêmio Nobel, 1978.

A "última" crise do capitalismo na década de 1930

> Se a própria História fosse simpatizante de um partido, não poderia ter arrumado os acontecimentos de forma mais inteligente do que essa coincidência da mais grave crise do mundo ocidental com a fase inicial da revolução industrial da Rússia.
>
> *Arthur Koestler,* 1952.

Uma característica óbvia das crises econômicas, tanto da década de 1930 como da de 1970 — ainda persistindo na de 1980 — é seu aparecimento simultâneo em vários países, uma simultaneidade que sugere uma causa comum. Hoje parece claro que a única causa possível é a política econômica seguida nos países em crise.

Há moda não somente em roupa, mas em políticas econômicas. Os governos em diferentes países seguem virtualmente as mesmas políticas — a mesma política monetária, a mesma política de impostos, a mesma política de bem-estar político, a mesma política de empregos — quase sem levar em conta a cor política do regime.

Todos nós somos doutrinados com as teorias de nossa própria idade, idéias e avaliações no campo sócio-econômico, assim como em outras áreas. Comportamo-nos, de fato, como cativos em nossas próprias camisas de força mentais — como se apenas alguns poucos de nós fossem capazes de se libertar e pensar livremente.

Desde o próprio início, flutuações econômicas cíclicas podiam ser observadas nas economias dos países industriais — flutuações entre crescimentos e quedas que tendiam a crescer continuamente em força. Karl Marx estudou esses ciclos com grande interesse e concluiu que as depressões do sistema capitalista, com seu desemprego em massa, "tecnologicamente" causado, iriam eventualmente acelerar ao ponto do colapso. E, por um longo tempo, Marx parecia estar certo. Embora quedas anteriores — mesmo a devastadora depressão de após guerra no princípio da década de 1920 — tenham sido seguidas por melhores tempos, a recuperação foi retardada na Grande Depressão da década de 1930. Enquanto os anos se passavam nessa década, cada vez mais pessoas passavam a acreditar que o desemprego em massa tinha vindo para ficar — que havia se tornado uma doença social crônica. Em 1938, o último ano antes da guerra, o desemprego ainda se mantinha em 19 por cento nos Estados Unidos.

Durante a década de 1930, quando só havia um estado socialista e quando só o mundo capitalista havia sido atingido pela depressão, os socialistas de todo o mundo ensaiaram hinos fúnebres para o esperado enterro do paciente capitalista, fatalmente doente. Simultaneamente, toques triunfantes de clarins eram ouvidos vindos do Leste, onde o primeiro plano qüinqüenal soviético havia sido lançado no outono de 1928. No Ocidente, havia desemprego em massa e paralisia econômica; no Leste, uma explosão de investimento e expansão, uma erupção econômica que tinha trazido não só emprego total mas até uma escassez de mão-de-obra. O contraste não podia ter sido mais contundente. Em sua autobiografia, Arthur Koestler retrata a situação dessa forma:

> Na Rússia, o Primeiro Plano Qüinqüenal estava transformando, por meio de uma série de arrancadas, o mais atrasado país no avançado na Europa... O contraste entre a tendência decadente do capitalismo e o simultâneo crescimento rápido da economia soviética planejada era tão impressionante e óbvio que conduzia à igualmente óbvia conclusão: eles são o futuro — nós, o passado.[1]

Atual crise do capitalismo

> Cada classe governante desenvolve uma mitologia, justificando seu abuso de poder e a exploração de seus súditos.
>
> *Karl Marx*, 1848.

Se compararmos a depressão da década de 1930 com a depressão [2] que se desenvolveu completamente na de 1970 e ainda está ocorrendo na de 1980, a diferença mais notável é que na crise atual tanto o mundo capitalista quanto o socialista foram afetados. O fato sugere a possibilidade de uma causa comum. Como cada lado tem um forte interesse ideológico em apresentar um perfil diferente, os dois tendem a exagerar suas diferenças e a minimizar suas semelhanças. Na realidade, os estados de bem estar capitalistas do Ocidente e os estados do bem estar socialistas do Leste diferem menos do que em geral se pensa.

Como a tese fundamental deste livro a apresentaria, as raízes da crise devem ser procuradas nas políticas governamentais que matam os incentivos da produção. No mundo socialista, isso é mais conspicuamente demonstrado na agricultura; no mundo capitalista é mais conspicuamente demonstrado em outros lugares.

Comecemos por estabelecer que a atividade empresarial envolve riscos de perdas e oportunidades para ganhar, como em um jogo ou uma loteria. Se as pessoas estão querendo arriscar as perdas, as oportunidades de ganhar devem ser bastante boas para ultrapassar os riscos. Em uma loteria, são os grandes prêmios que atraem os participantes; o mesmo é verdadeiro na empresa industrial. Os maiores prêmios — lucros — são raros, mas são indispensáveis como incentivos. Significativo para os modernos estados de bem estar do Ocidente em que os consumidores e os empregados constituem a maioria política e possuem substancial poder político — o aparelho de coerção do estado é que esta maioria, especialmente durante os últimos dez a quinze anos, seguiu políticas que militam contra a minoria dos empresários. A substância dessas políticas pode ser resumida nos dois seguintes pontos:

— Por causa dos sucessivos aumentos em taxas e remunerações, os lucros — especialmente grandes lucros — têm sido reduzidos continuamente e os incentivos empresariais têm sido enfraquecidos.

— Os empresários têm sido colocados em camisas-de-força, cuja fazenda é tecida por centenas de regulamentos estatais, camisas que os têm privado daquele espaço de manobra sem o qual não podem funcionar. E as camisas têm sido continuamente "aperfeiçoadas" com controles cada vez mais apertados.

Desde a passada década de 1960, os governos ocidentais produziram novas leis reguladoras em uma velocidade acelerada. Por trás de todas essas leis impondo taxas e regulamentos crescentes sobre os empresários, há, para dizer a verdade, um elemento de inveja. Os empresários bem-sucedidos podem ser pessoas ricas, com altas rendas e conspícuos hábitos de consumo. Esta pequena minoria de pessoas se torna a característica para toda a classe de empresários; a maioria, com rendimentos moderados, tornam-se despercebidos. Com referência a possíveis conseqüências econômicas da inveja, Ludwig von Mises disse uma vez:

> Muitas pessoas são totalmente inadequadas para lidar com o fenômeno do lucro empresarial, sem ceder a um ressentimento invejoso. Aos seus olhos, a fonte do lucro é exploração de assalariados e consumidores... A economia meramente estabelece o fato de que os lucros e perdas empresariais são fenômenos essenciais da economia de mercado. Não pode haver uma economia de mercado sem eles. Certamente, a polícia pode confiscar todos os lucros. Mas uma tal política iria, por necessidade, converter a economia de mercado em um caos sem sentido. O homem pode, sem dúvida, ter o poder de destruir muitas coisas, e, no curso da história, ele tem feito amplo uso dessa faculdade. Ele poderia destruir a economia de mercado também.[3]

Talvez pudesse ser formulada uma "lei" econômica referente à inveja: uma sociedade cujos membros são demasiadamente invejosos para resguardar os direitos dos que têm sucesso, não terá recursos para apoiar os que falham.

Sem levar em conta as forças motoras atrás das políticas seguidas, as maiorias no poder parecem estar bastante inconscientes de que suas políticas podem corresponder à opressão sobre o grupo minoritário empresarial. A idéia simplesmente nunca lhes ocorreu. As decisões têm sido tomadas pelas maiorias governamentais por um processo de "ordem democrática". Não é de surprender, portanto, que as forças existentes nos recentes tempos não tenham sentido nenhuma responsabilidade pela crise econômica que suas políticas de destruição de incentivos produziram. Sua engenhosidade para apresentar pseudoexplanações e bodes expiatórios é impressionante. Essa obtusidade está perfeitamente de acordo com os padrões psicológicos. Todos os opressores e exploradores da história parecem ter sido pessoas com consciências tranqüilas, pessoas que dormem bem à noite, pessoas firmemente convencidas da justiça e dos efeitos benéficos de suas políticas. Mais surpreendente é o fato de que as vítimas estão igualmente inconscientes das reais implicações das políticas seguidas; elas não se sentem oprimidas e exploradas. Consideram sua sociedade com suas instituições como pertencente à "ordem natural" e, como todos os cidadãos, são doutrinados para aceitar suas leis e políticas. De acordo com relatos sobre as sociedades feudais, os servos e escravos não se sentiam também oprimidos e explorados. Em regra, eles olhavam a servidão e a escravidão como sistemas sociais naturais. Israel Kirzner observou essa típica inconsciência em muitos contextos e, em seu livro *Percepção, oportunidade e lucro,* ele descreveu assim:

> Uma compreensão mais ampla da significação de liberdade, e de sua perda, torna inteiramente plausível que perdas de liberdade podem certamente afetar indivíduos, sem que se tornem cônscios, ou, para este caso, sem a consciência de qualquer outro, inclusive cientistas sociais observadores, de que seu bem-estar foi prejudicado com esta abolição. Não é mais uma condição necessária para a existência da perda de liberdade que a perda seja sentida. [4]

Desta inconsciência conclui-se que as maiorias que executam ou apóiam políticas parasíticas acham difícil se convencerem das reais causas dos problemas quando a folga das engrenagens e a "retribuição" finalmente chegam. Isto é exemplificado pela situação polonesa em que a população urbana, inclusive os trabalhadores industriais, continuamente exigiam alimento barato e, assim, apoiavam as políticas parasíticas do governo contra os camponeses. Quando severa escassez de alimento se tornou finalmente evidente, os anteparos caíram e os poloneses se encontraram rejeitando totalmente a responsabilidade pela escassez e culpando as vítimas — os camponeses — em seu lugar.

Semelhantemente, as políticas parasíticas montadas contra o empresário no Ocidente gozaram de contínuo apoio dos assalariados e de seus sindicatos — a maioria da população agora sofrendo as inevitáveis conseqüências da diminuição da produção, dos declinantes padrões de vida e do crescente desemprego. Os mesmos mecanismos psicológicos, os mesmos anteparos, estão impedindo este segmento de ver e admitir sua própria responsabilidade. Ao contrário, eles acusam as vítimas, os empresários, de morosidade ou de falta de vontade de investir. Quando a situação econômica se tornou tão crítica que forçou os empresários a despedir empregados e até a fechar suas firmas, foram taxados de maus gerentes, sem responsabilidade social.

Os socialistas do Ocidente, os mais ativos apoiadores de políticas parasíticas, interpretam a presente crise como uma prova decisiva de que a empresa privada é incapaz de dirigir a produção e o emprego, que o capitalismo está em bancarrota, que é um sistema atravessando agora sua crise final, pronto para ir para o montão de lixo da história.

Em lugar de criar novamente um ambiente empresarial favorável, restaurando a liberdade econômica, as maiorias no poder tentaram estimular a indústria distribuindo gigantescas quantidades do dinheiro dos impostos a empresas em má situação. Tentar acelerar uma indústria vagarosa aplicando subsídios estatais é um tanto como puxar um carro e esperar que o movimento apenas seja suficiente: antes que se concerte o motor, não se pode esperar que o carro funcione.

Redistribuição dos empregos existentes

> O desemprego ocupa cada vez mais pessoas.
>
> *Giscard d'Estaing*, 1979.

Deve ser reconhecido que os grupos no poder no Ocidente fizeram o máximo para aumentar o suprimento de empregos, a fim de eliminar o desemprego. Mas, apesar de enormes investimentos estatais e subsídios a empresas em má situação — com enormes déficits orçamentários como conseqüência — o desemprego tem demonstrado uma total imunidade ao tratamento. Não sendo afetada em absoluto, a moléstia só tem se espalhado e atingiu tais proporções que, na maioria dos países ocidentais, hoje, é apropriado falar-se em desemprego em massa.

Naturalmente os doutores econômicos defendem seu fracasso utilizando a defesa clássica usada pelos médicos quando falham: se o tratamento não tivesse sido aplicado, a doença estaria ainda pior. Apesar de tudo, os políticos procuram, desesperadamente, bodes expiatórios sobre quem lançar a responsabilidade; depois de longo tempo, encontraram um e batizaram-no como "mudanças estruturais de longo termo". Em uma inspeção mais apurada, foi reconhecido como o "desemprego técnico", inventado por Karl Marx e que durou em serviço durante a década de 1930: quando cada vez mais máquinas sofisticadas substituem os trabalhadores, cada vez mais desemprego é criado. Durante um período de desemprego em massa, parece que a maioria das pessoas acha crível esta explanação.

Durante a II Guerra Mundial e as décadas seguintes de emprego total, não houve necessidade dessas explicações e, assim, o "desemprego técnico" de Marx, como uma roupa fora de moda, foi enfiado de volta no guarda-roupa. Apesar da crescente produção de máquinas sofisticadas, capazes de substituir cada vez mais trabalhadores, esse grandioso aperfeiçoamento técnico não impediu o emprego total durante as três décadas de 1940 a 1970. E, durante esse longo período, o emprego total foi um produto das forças de mercado; as interferências do governo foram poucas.

No início da década de 1970, o fantasma do desemprego técnico ainda definhava no guarda-roupa, mas, no final dela e especialmente durante os anos do desemprego em massa da de 1980, a velha noção ressurgiu e foi geralmente aceita como uma provável explanação do desemprego. O bode expiatório serviu bem durante muitos períodos de desemprego, o primeiro dos quais durante as décadas iniciais da revolução industrial na Grã-Bretanha. As novas máquinas de fiar e teares mecânicos eram milagres tecnológicos. Um único trabalhador em uma máquina de fiar podia produzir tanto fio como duzentos trabalhadores caseiros usando rodas de fiar manuais. Os trabalhadores caseiros desempregados estavam tão amedrontados e desesperados que atacavam centenas de fábricas e destruíam as máquinas.

Em uma longa perspectiva, seu medo e sua raiva eram injustificados. O emprego na indústria de algodão inglesa aumentou realmente de 40.000 na década de 1750 para 800.000 na de 1830. E esse aumento ocorreu apesar das máquinas sofisticadas, apesar de seu maior número e apesar do fato delas se terem tornado cada vez mais eficientes e "economizadoras de mão-de-obra".

Desde o século dezoito, a desculpa do "desemprego técnico" levantou a cabeça muitas vezes e seus apoiadores a cada vez enfatizavam que as máquinas estavam muito mais eficientes e avançadas "então" do que tinham sido em ocasiões anteriores. Na década de 1980, as Cassandras apontam os novos robôs e máquinas eletrônicas que eles declaram que irão substituir multidões de trabalhadores e criar desemprego em massa que só tende a crescer no futuro. Os céticos poderiam apontar o Japão, um país que investiu mais prodigamente em máquinas eletrônicas, processadores de dados e robôs do que qualquer outro e que, mesmo assim, sofreu um ligeiro desemprego. Ou poderiam citar o "Grupo dos Quatro", os miraculosos países do Extremo Oriente — Singapura, Hong Kong, Taiwan e Coréia do Sul — todos os quais investiram nos mercados livres e ambientes empresariais favoráveis.

O desenvolvimento técnico que se procedeu desde o século XVIII é apresentado, nos recentes dias, como uma *mudança estrutural fundamental,* inclinada a substituir trabalhadores pelas máquinas, tendente a privar mais cidadãos de seus empregos, e a produzir mais desemprego. E, finalmente, tendente a produzir uma nova sociedade de classes, constituída de uma cada vez menor classe alta privilegiada com empregos e uma classe baixa aburguesada, um proletariado sem empregos.

Nada mais natural que as pessoas que acreditam nessa horrível visão fiquem indignadas e exijam que a classe alta, em nome da justiça e da igualdade, divida sua abundância com os desempregados. Os que trabalham oito horas por dia deveriam ficar satisfeitos, digamos, com seis horas. As duas horas sacrificadas podiam ser distribuídas entre aqueles que estivessem sem emprego. O governo Mitterrand, na França, executou justamente esta política. Reduziu a semana de trabalho de 40 para 39 horas — uma redução futura de 39 para 35 está planejada e prometida — aumentou o período de férias de quatro para cinco semanas, e diminuiu a idade da aposentadoria de 65 para 60. Apesar de tais reformas de redistribuição, o desemprego só fez crescer continuadamente desde que Mitterrand assumiu o governo.

Há uma falácia básica nesta espécie de pensamento. O erro está na idéia de que há um estoque de empregos, uma constante fonte natural e que eles podem ser distribuídos à vontade por qualquer grupo que estiver no poder. A economia cuidadosamente distingue entre *fluxo e estoque.* Os empregos existentes em um país não são um estoque mas um fluxo, continuamente criados pelos empresários e produtores, cujo volume, a qualquer momento, depende da situação ecológica prevalescente, o suprimento de incentivos.

Desde a revolução industrial do século XVIII, a semana de trabalho nos países industrialmente desenvolvidos foi gradualmente reduzida de seis dias para cinco e o dia de trabalho de doze para sete ou oito horas. Com padrões de vida cada vez mais altos, as pessoas estão geralmente querendo substituir as horas de trabalho por horas de lazer, sacrificando parcialmente aumentos de salários. O sonho de menor fadiga e menores horas de trabalho é muito antigo. Em 1516, Thomas More, em seu livro *Utopia,* pleiteava dias de trabalho de seis horas e igualdade entre os sexos no mercado de trabalho.

Em um país como os Estados Unidos, a menor semana de trabalho surgiu quase inteiramente como um resultado do livre acordo entre empregadores e empregados. Em um país como a Suécia, o desenvolvimento foi controlado pelo governo. O desenvolvimento técnico e a adoção de eficientes máquinas "economizadoras de mão-de-obra" tornaram possível, para a mesma força de trabalho, aumentar gradualmente a produção de bens e, assim, gradualmente elevar o padrão de vida. O ganho em produtividade foi tal que foi possível dar aos trabalhadores mais horas de lazer. Deve-se dar ênfase, porém, ao fato de que os acordos entre empregadores e empregados referentes a menores semanas de trabalho raramente eram percebidos como medidas criadoras de mais empregos. A menor semana de trabalho tinha por fim apenas criar um padrão de vida mais alto. Uma semana de trabalho menor como caminho para mais empregos — via divisão e redistribuição dos existentes — era típica apenas nos períodos com desemprego excepcionalmente alto, tais como nas décadas de 1930 e 1980. Os que procuram resolver problemas fundamentais de desemprego redistribuindo os empregos existentes verificará, inevitavelmente, que a cada ano haverá não apenas cada vez menos a redistribuir, mas, também, cada vez menos a consumir.

De acordo com Marx e seus modernos seguidores, o desenvolvimento técnico que emprega máquinas eficientes e sofisticadas, tende a produzir desemprego continuamente crescente. O desemprego constantemente crescente mais as crises econômicas constantemente agravadas eram, de acordo com Marx, tendentes a produzir uma crise final que traria o colapso total do sistema capitalista. Das cinzas desse sistema, nasceria uma sociedade socialista que, como uma Fênix, se elevaria para o céu.

As teorias de emprego keynesianas, lançadas na década de 1930, vieram a apresentar grandes semelhanças com as teorias marxistas. Nem Marx, nem Keynes acreditavam que o sistema capitalista, com suas livres empresas e livres mercados, poderia produzir emprego total. Mas, enquanto Marx acreditava — e esperava — numa catástrofe final para o sistema, Keynes esperava que pudesse ser salvo. O único salvador que ele podia imaginar era o governo, o qual, por meio de empréstimos — financiamento de déficits — seria capaz de sobrepujar o subemprego natural por meio de grandes obras públicas.

Para os crentes socialistas, a visão apocalíptica de Marx era uma teoria otimista, bem de acordo com seus sonhos e esperanças. Para os crentes no capitalismo, porém, a teoria era pessimista. Para eles, a teoria do empresariado oferecia uma alternativa otimista, uma teoria refugando a possibilidade de desemprego técnico. O suprimento de poupanças, investimento e capital não é, de acordo com essa teoria, o fator decisivo na produção e no emprego. A teoria exige que um outro passo na cadeia causal seja dado: que o suprimento de incentivos da produção, o ambiente empresarial, seja o fator decisivo. É isso que virá afetar a taxa de poupança e investimento e, daí, o nível de emprego.

Experiências da história — especialmente dos períodos de "milagres", descritos em seções anteriores deste livro — demonstram que ambientes empresariais ostentando liberdade econômica e adequados incentivos da produção foram sempre capazes de produzir emprego total.

Se você aceitar a conclusão de que as raízes do presente desemprego em massa deverão ser encontradas nas políticas de destruição de incentivo seguidas durante os últimos dez a quinze anos pelos governos dos estados de bem-estar ocidentais, você também tem de aceitar a conclusão de que o emprego total pode ser restaurado tão logo as políticas de destruição de incentivos sejam invertidas em políticas produtoras de incentivos — isto é, logo que o atual ambiente empresarial desfavorável seja restaurado para o estado que reinou na década de 1960.

Empresários e empregados

> A função empresarial, a luta dos empresários pelos lucros, é o poder motor na economia de mercado. Lucro e perda são os mecanismos por meio dos quais os consumidores exercem sua supremacia no mercado.
>
> *Ludwig von Mises*, 1949.

Uma das características fundamentais de um mercado livre é o equilíbrio de poder entre as duas partes do mercado, os vendedores e os compradores. A liberdade de contratos e os preços livres garantem que um partido não forçará condições sobre o outro. Cada transação e toda a cooperação devem ser voluntárias.

Nos mercados livres, os preços livres se adaptarão a qualquer mudança na oferta e procura de modo que é mantido um mercado próximo do equilíbrio. Como as adaptações de preço não são abruptas, mas acontecem após algum retardo, mesmo nos mercados livres podem ser observados os pequenos desvios do equilíbrio: em certas ocasiões a oferta pode ser caracterizada como "abundante", em outras, como mais "escassa". Mas nos mercados livres, tais desvios são sempre limitados.

Tão logo os governos interferem no mercado e usam seu aparelho coercitivo para fixar preços ou para decidir condições especiais para a produção, consumo e distribuição, o equilíbrio do mercado será perturbado. A única exceção é quando o governo fixa preços e decide condições que iriam ocorrer espontaneamente no mercado. Se os preços são fixados *abaixo* do nível do mercado livre, os incentivos da produção serão mais fracos e os do consumo mais fortes. Uma escassez tende a se seguir, como acontece e tem acontecido com o alimento nos países socialistas. Se os preços são fixados *acima* do nível de mercado livre, os incentivos da produção serão mais fortes e os do consumo mais fracos. Um excedente se tornará inevitável, como é típico com o alimento nos países capitalistas.

Logo que o equilíbrio entre a oferta e a procura é perturbado, o do poder entre vendedores e compradores também o é. Numa escassez, os compradores se encontram em uma fraca posição de negociar, enquanto que, numa situação de excesso, sua posição de negociar se fortalece. Um mercado de escassez é um mercado do vendedor, um mercado de oferta é um mercado do comprador.

Um mercado de trabalho perturbado pelo desemprego é um mercado com um excesso de mão-de-obra, onde os vendedores de mão-de-obra, os assalariados, estão em uma fraca posição de negociação com os compradores, os empregadores. Os *beati possidentes,* que têm empregos, estão bem conscientes das dificuldades dos desempregados e, portanto, apegam-se aos seus empregos aceitando condições e tratamentos que jamais aceitariam em um mercado de trabalho de emprego total. Semelhantemente, os desempregados em um mercado de trabalho que oferece poucos empregos têm de aceitar salários e condições que nunca aceitariam em um mercado de trabalho equilibrado. Naturalmente, os empregadores, podendo escolher em longas filas de candidatos, têm uma forte posição. Os empregadores são os compradores de mão-de-obra e um mercado de trabalho atacado pelo desemprego, é um mercado do comprador.

Os grupos no poder que, por meio de políticas destruidoras de incentivos, trouxeram o desemprego, sentem-se pressionados por seu enraivecido eleitorado a tentar restaurar o equilíbrio do poder entre vendedores e compradores no mercado de trabalho. A pressão política sobre os governos pode ser forte e constrangedora. Mantendo as rédeas do governo, tais grupos no poder inevitavelmente recorrem ao aparelho de coerção, esperando resolver o problema por meio de novas leis.

Na Suécia, o Governo Social Democrata, em 1974, elaborou leis de segurança do trabalho, de acordo com as quais o pessoal só poderia ser demitido se a firma estivesse em bancarrota ou forçada a reduzir pessoal a fim de sobreviver. Por essas leis, o governo tentou aumentar a segurança no mercado de trabalho para a classe alta que já tinha empregos. Mas elas tornaram pior a situação para as classes baixas, o proletariado do desemprego, porque os empregadores estavam relutantes em empregar outras pessoas.

Se um novo empregado se mostrava incapaz para o emprego, o empregador teria razões insuficientes para demiti-lo. Era melhor não o empregar de todo.

A finalidade das novas leis era dar maior segurança aos empregados, uma vantagem ganha às expensas dos empregadores. Mais segurança para os empregados significa menos segurança para os empregadores. E uma lei que negava segurança para os empregadores significava que ela suprimiria os incentivos da produção, produziria ainda mais desemprego e, assim, continuaria a enfraquecer os assalariados. Os remédios do governo destinados à cura estavam apenas agravando o mal do paciente.

Vamos, finalmente, considerar a situação dos empregadores em mercado de trabalho de emprego total, um mercado com escassez de mão-de-obra, um mercado do vendedor. Tal mercado é algo como um sonho para os que procuram emprego: o dilema do desempregado não é encontrar um trabalho, mas escolher entre as ofertas. Em um mercado assim, tanto os empregados com empregos como os que procuram emprego estão bem conscientes de sua forte posição de negociação — não são inferiores à gerência, são vitais. Em tal mercado, o empregador deve listar as queixas e sugestões de seus empregados e tentar satisfazê-las. Um empregador que se recusa ou deixa de proceder assim muito breve não terá nem empregados nem empresa. Em um mercado com alto desemprego, um empregador que desobedece leis escritas de segurança do trabalho está se arriscando à punição por multa e até cadeia; em um mercado com emprego total, um empregador que viola leis não escritas de mercado, recusando satisfazer pedidos razoáveis dos empregados, se arrisca a perder completamente o seu negócio.

O emprego total só é possível nos países que dão aos empresários ambientes favoráveis. Tal política beneficia não apenas os empregadores como os empregados; ambos são levados a se sentir seguros e satisfeitos.

Nenhuma lei pode prometer segurança de trabalho comparável à dos países que gozam de emprego total. Os empregados em livres mercados de trabalho conhecem mais liberdade, igualdade e dignidade humana do que em qualquer outro sistema.

Fazendeiros no Ocidente

> A agricultura no mundo ocidental é um dos milagres econômicos de nosso tempo. Com apenas uma pequena quantidade de força de trabalho, produz mais do que o suficiente para o mais alto nível de consumo do mundo.
>
> *Sumner H. Schlichter*, 1957.

Os fazendeiros são produtores de significação especial. As pessoas podem viver sem produtos industriais se for necessário, mas o alimento — e, portanto, o fazendeiro — é indispensável. O fazendeiro é, porém, um empresário e depende, tanto quanto de qualquer outro empresário, de ambientes econômicos favoráveis. Uma sociedade, que não oferece aos seus fazendeiros incentivos de produção adequados, encontrará, inevitavelmente, sérios problemas.

A revolução agrária, como a industrial, foi deflagrada por ambientes empresariais favoráveis. Em muitos países, os camponeses tiveram a oportunidade de romper com as antigas coletivas de aldeia para se tornarem fazendeiros livres, com total posse de sua terra. Quando os fazendeiros se tornaram livres, suas possibilidades criativas foram soltas — começaram a experimentar novos métodos de cultivo e criação seletiva de plantas e animais. Quando esses pioneiros tinham sucesso, as massas preguiçosas os seguiam.

Começou um miraculoso desenvolvimento na produtividade, refletido na contínua diminuição da fração de força de trabalho empregada na agricultura. Enquanto nos países subdesenvolvidos, pobremente industrializados, cerca de 90 por cento da força de trabalho deve concentrar-se na agricultura a fim de cobrir as necessidades de alimento da população, hoje, em países altamente desenvolvidos como os Estados Unidos e a Suécia, apenas 5 por cento da força de trabalho está na agricultura. E essas estatísticas são ainda mais dramáticas quando se considera que mais da metade desses 5 por cento são fazendeiros de tempo parcial, regularmente empregados fora da agricultura e, portanto, o número certo é, realmente, 3 a 4 por cento. Contudo, para chegar a uma percepção realista da percentagem de nossa força de trabalho empregada na produção de alimento, deveríamos adicionar os trabalhadores na indústria que produz itens tais como máquinas, fertilizantes e edifícios para os fazendeiros. O número abrangente para a força de trabalho nos Estados Unidos e na Suécia, compreendendo tanto a agricultura quanto as infra-estruturas, corresponderia a 5 por cento da população.

Essa modesta percentagem, produzindo alimento suficiente para as necessidades domésticas, tanto quanto quantidades substanciais para exportação, representa uma extraordinária eficiência de produção. Muitos se admiram como é possível tal execução nesses dois países onde, desde a década de 1930, a agricultura tem estado sujeita a amplos regulamentos governamentais. Em países socialistas, afinal, regulamentos governamentais têm tido fatais conseqüências para a eficiência da produção na agricultura. E, deve-se acrescentar, muitos países capitalistas — tais como o Canadá — possuem fazendeiros altamente eficientes que produzem excedentes substanciais para exportação embora seu solo e seu clima estejam longe de serem ótimos. Como pode tal execução ser aliada à teoria do empresariado e contrastada com o fracasso socialista apresentado neste livro?

Os empresários nos países ocidentais funcionam como um motor atrás da produção, crescimento e emprego. Para que o motor funcione, um ambiente favorável ao incentivo e à recompensa é essencial. A questão é: tal ambiente foi oferecido aos fazendeiros americanos e suecos? Embora os preços para os produtos agrícolas nos Estados Unidos e na Suécia, assim como nos países socialistas, tenham sido estabelecidos pelo governo, as implicações foram fundamentalmente diferentes. Nos países socialistas, estabelecendo preços abaixo do nível de mercado, usaram o controle de preços como um instrumento de exploração contra os camponeses — um completo instrumento, com entregas compulsórias a agências de compra estatais. Nos países ocidentais, os governos ao estabelecer preços *acima* do nível de mercado, usavam o controle de preços como um instrumento para favorecer e proteger seus fazendeiros — um completo instrumento com barreiras tarifárias protetoras para evitar a competição com importação de alimentos. Dentro de um esquema de preços controlados pelo governo mas favoráveis, e uma proteção governamental contra a competição do estrangeiro, os fazendeiros têm, de fato, podido funcionar como livres empresários com incentivos tão fortes que eles não só trabalham muito como desenvolvem seu potencial criativo.

A produção na agricultura ocidental é, nada mais, nada menos, que o resultado de incentivos. Isso não significa, de maneira alguma, que os fazendeiros ocidentais se consideram como um grupo privilegiado. Ao contrário, eles muitas vezes expressam grande amargor sobre os preços que são estabelecidos e as condições que são impostas. Trabalhando em uma indústria regulada, são obrigados a comer das mãos do governo e, naturalmente, querem conseguir mais do que realmente ganham. Deve-se acrescentar que o fazendeiro nas democracias ocidentais goza da liberdade de organizar fortes grupos de pressão e de participar de atividades políticas parlamentares; naturalmente, exploram totalmente essas oportunidades.

Uma questão final: por que os grupos no poder nos países socialistas exploram regularmente seus camponeses — e provocam destruição na produção — enquanto os grupos no poder nos países capitalistas regularmente garantem ambientes favoráveis aos seus fazendeiros, com grandes vantagens? Uma resposta completa não pode ser dada sem dificuldade. Mas é claro que o socialismo (com a produção centralmente controlada) é construído no parasitismo, o capitalismo (com mercados livres), na simbiose. Nos países socialistas, os grupos no poder tentam garantir privilégios para os seus grupos de dentro, às expensas dos explorados grupos de fora; nos países capitalistas, o equilíbrio do poder entre os partidos é garantido pelos mercados livres e a exploração é impossível.

Naturalmente, os grupos no poder nos países capitalistas podem usar o aparelho de coerção político para explorar grupos de fora — por exemplo, empresários industriais — impondo-lhes taxas e regulamentos estatais. Tal exploração, de fato, tem sido a tendência em recentes anos e a produção, a riqueza e o emprego sofreram todos. Mas, até agora, os grupos no poder têm, como um todo, podido resistir à tentação de explorar o fazendeiro, o empresário agrícola. Mesmo assim, para as maiorias no poder, que estão ansiosas para dar aos seus eleitores alimento barato — assim como outros privilégios — as tentações para explorar um diminuto grupo, representando poucos votos, devem ser fortes. Até agora têm resistido à sedução. Mas, por quanto tempo?

Capitalismo e o futuro

> As políticas do governo referentes à indústria tornar-se-ão, principalmente, uma questão de produzir um ambiente político, social e econômico favorável à eficiência, renovação, iniciativa e criatividade.
>
> *Assar Lindbeck*, economista sueco, 1983.

Como já se enfatizou anteriormente, um grupo que tem sucesso na conquista do poder político está inclinado a usar esse poder para conceder privilégios aos seus próprios apoiadores às expensas de outros. A história confirma que tal comportamento político é geral. Nas ditaduras — sejam feudais, fascistas ou socialistas — o poder é regularmente usado não apenas para oprimir mas para aterrorizar e perseguir oponentes, dissidentes e outros grupos de fora. A história ainda indica que os grupos oprimidos e perseguidos que conseguem se apossar do poder político podem, eles próprios, se tornar opressores e perseguidores.

A minoria cristã, oprimida e perseguida durante os primeiros séculos da chamada era cristã, tornou-se eventualmente uma maioria no poder, que cruelmente perseguiu os dissidentes religiosos — hereges. E, depois de ter tomado o poder em 1917, os oprimidos e perseguidos socialistas da Rússia czarista foram transformados, da noite para o dia, nos brutais opressores da União Soviética.

A não ser por um maior respeito pela vida humana nos estados democráticos, os padrões de comportamento político fundamentais são os mesmos: os grupos que assumem o poder usarão esse poder para dar privilégios aos que eles favorecem e que os favorecem. Em todas as espécies de estados, os que estão no poder seguem suas políticas com a melhor consciência possível, firmemente convencidos que elas são justas e úteis.

Os padrões de comportamento político aqui mostrados são fundamentais para um entendimento da atual crise econômica no Ocidente. As maiorias políticas que, desde o fim da década de 1960, seguiram políticas que desgastaram o ambiente empresarial, políticas que, na década de 1970 amadureceram em uma severa crise econômica, estavam completamente inconscientes das implicações de suas políticas. Se uma pessoa, por causa de seu comportamento — por exemplo, abuso de drogas — se torna doente, não pode ser curada até que se convença da relação de causa entre seu comportamento e a doença. O problema da crise atual é que, até agora, nem os políticos que são os responsáveis pela crise, nem as vítimas dessas políticas, os empresários, ficaram conscientes das causas.

Recentemente, porém, uma pequena mas constantemente crescente minoria começou a entender a conexão entre as políticas seguidas e a crise existente. Não só as idéias neoliberais e neoconservadoras estão se espalhando, mas também as da nova filosofia do empresariado. Evidentemente, a época é oportuna. Mesmo na França, com seu atual governo socialista comunista, Laurent Fabius, que é pragmático e pró-empresarial, foi nomeado Ministro da Indústria em 1983, substituindo Jean-Pierre Chevènement, que é esquerdista e antiempresarial; a mudança teve extensos efeitos nas políticas industriais.

Na Suécia, Thage Peterson, um social democrata e ministro da Indústria, declarou em 1983:

> Em anos recentes, um apreço por bons climas empresariais e dividendos decentes, para os que investem tempo e energias em suas próprias firmas, se desenvolveu dentro do movimento trabalhista. O movimento trabalhista sueco é não apenas pró-indústria, mas também pró-empresário. [5]

Embora a maioria dos empresários tivesse objetado que eles experimentaram muito pouca prova prática do novo entendimento, tal declaração é notável e sintomática dos efeitos das novas idéias. Há apenas alguns anos atrás, dizer-se pró-indústria e pró-empresário ao mesmo tempo teria sido inimaginável. Mas, durante os penosos anos de crises, as pessoas vieram a compreender o valor dos empresários e seus efeitos na produção, padrões de vida e emprego. Por fim, o povo começou a aprender que os empresários são o único recurso que necessitamos urgentemente.

NOTAS

Epígrafe do livro

Friedrich A. Hayek, *Studies in Philosophy, Economics, and Politics* (Chicago: University of Chicago Press, 1966), 194.

parte I

Epígrafe da parte I

Israel M. Kirzner, "The Primacy of Entrepreneurial Discovery" em *The prime Mover of Progress: The Entrepreneur in Capitalism and Socialism* (Londres: The Institute of Economic Affairs, 1980), 7, 26.

1. Eli F. Heckscher em *Dagens Nybeter*, 24 de dezembro de 1951.
2. Ibid. Mais sobre a revolução industrial e suas raízes, em John Chamberlain, *The Roots of Capitalism* (Nova Iorque: D. Van Nostrand, 1959) e em Douglass North & Robert Thomas, *The Rise of the Western World: A New Economic History* (Cambridge: Cambridge University Press, 1973). North e Thomas dão ênfase à fundamental importância da propriedade privada por trás de todo desenvolvimento econômico, mesmo para o que precedeu a revolução industrial.
3. Paul Johnson, "Has Capitalism a Future?" *The Freeman,* janeiro de 1979.
4. Bengt Holgersson, "Cultivated Land in Sweden and Its Growth 1840-1939" em *Economy and History,* Vol. XVII (Lund: The Institute of Economic History, na University of Lund, Suécia, 1974) 20-51.

5. Edwin O. Reischauer, *Japan Past and Present*, 3ª edição revista (Tóquio: Charles E. Tuttle, 1969), 233.

6. Chiaki Nishiyama e G. C. Allen, *The Price of Prosperity: Lessons from Japan* (Londres, The Institute of Economic Affairs, 1974), 36.

7. Masaki Imai, *Never Take Yes for an Answer* (Tóquio; The Simul Press, 1975), 78.

8. Chie Nikane, *Japanese Society* (Berkeley e Los Angeles: University of California Press, 1970), 69, 72, 76.

9. Sven Rydenfelt, *Japan: Vad kan vi lära oss av arbetsglagjens och produktion-sundrens land?* (Japão: O que se pode aprender da terra da satisfação pelo trabalho e dos milagres de produção?) Estocolmo: Sveriges Marknadsförbund, 1978) 48, 49.

10. Michel Lipton: *Why Poor People Stay Poor* (Londres: Temple Smith, 1977).

11. Theodore Schultz, *Economic Growth and Agriculture* (Nova Iorque: McGraw Hill, 1968).

12. Ronald C. Nairn, *Wealth of Nations in Crisis* (Houston: Bayland Publishing Co., 1979). Nairn demonstra a importância dos "inibidores sociais, econômicos e políticos" — isto é, a importância do ambiente empresarial dos camponeses.

13. *Scientific American*, Vol. 235 (Setembro 1976).

14. Pelos argumentos aqui apresentados estou em dívida especialmente com P. T. Bauer, *Equality, The Third World and Economic Delusion* (Londres: Weidenfeldt & Nicolson, 1981).

15. Este prospecto foi vividamente apresentado em Anthony Sampson, *The Money Lenders: Bankers in a Dangerous World* (Londres: Hodder & Stoughton, 1982).

16. Joseph A. Schumpeter, *The Theory of Economic Development* (Cambridge, Mass.: Harvard University Press, 1951), 143.

17. Joseph A. Schumpeter, *History of Economic Analysis* (Nova Iorque: Oxford University Press, 1954), 556.

18. Richard G. Lipsey e Peter O. Steiner, *Economics*, 6ª edição (Nova Iorque: Harper & Row, 1981), 175.

19. F. A. Hayek, *Full Employment at Any Price?* (Londres: The Institute of Economic Affairs, 1975), 42.

20. Ludwig von Mises, *Human Action: A Treatise on Economics*, 2ª edição (New Haven: Yale University Press, 1949), 290ss.

parte II

1. Mais a respeito do ponto de vista de Marx sobre os camponeses e a agricultura pode ser encontrado em: David Mitrany, *Marx Against the Peasant: A Study in Social Dogmatism* (Chapel Hill: University of North Carolina Press, 1951); W. W. Rostov, "Marx Was a City Boy", *Harper's Magazine*, fevereiro de 1955; e Lester R. Brown, "Karl Marx Was a City Boy", *Science*, 12 de setembro de 1980.

2. Em *L'Erreur de l'Occident* (Paris, Grasset, 1980), Alexander Solzhenitsyn garante que na Rússia czarista "nunca houve campos de escravos — a idéia, desta forma, era inteiramente desconhecida. Havia apenas umas poucas prisões do Estado e era por isso que os prisioneiros políticos — exceto os terroristas — inclusive os bolchevistas, eram mandados para um exílio confortável, onde eles eram bem tratados às expensas do Estado, onde não eram obrigados a trabalhar e de onde todos que o quisessem poderiam escapar para o estrangeiro desembaraçadamente."

3. Ver Roy A. Medvedev, *The October Revolution* (Nova Iorque, Columbia University Press, 1979).

4. Lester R. Brown, *U. S. and Soviet Agriculture: The Shifting Balance of Power* (Worldwatch Paper 51, outubro de 1982), 12.

5. United Nations Food and Agricultura Organization (FAO): *Production Yearbook.*

6. Brown, 11.

7. Ibid., 29. Ver também Karl-Eugen Wadekin, "Soviet Agriculture's Dependence on the West", *Foreign Affairs*, Primavera de 1982.

8. Informação sobre a agricultura privada soviética pode ser encontrada em Karl-Eugen Wadekin, *The Private Sector in Soviet Agriculture* (University of California Press, 1973) e em *Neue Zurcher Zeitung*, 292/1979 e 23, 35, 59 e 82/1980.

9. *Foder och Spannmal* (Forragem e Grão), janeiro 1975.

10. Adam Smith, *An Inquiry into the Nature and causes of the Wealth of Nations*, ed. E. Cannan (Londres: Methuen & Co., 1904) vol. 1, p. 364 e vol. 2, p. 181.

11. *Trybuna Ludu*, 20 de fevereiro de 1981.

12. FAO: *Production Yearbook.*

13. *Svenska Dagbladet*, 23 de março de 1982.

14. Ibid., 2 de julho de 1982.

15. Andres Küng, *Sadan ä socialismen* (Assim é o socialismo) (Estocolmo: Timbro, 1982) 237.

16. *Monthly review*, outubro de 1968.

17. Ver Kirzner, 22: "Não negamos a possibilidade de arranjar incentivos para os gerentes socialistas produzirem mais, ou produzir com uma força de trabalho menor, ou menor consumo de energia. Nem negamos a possibilidade de oferecer incentivos que irão recompensar inovações." Ver também Evsey D. Domar, "On the Optimal Compensation of a Socialist Manager", *Quarterly Journal of Economics*, vol. 88, fevereiro de 1974, 1-18. E Mo-Yin S. Tam, "Reward Structures in a Planned Economy: The problem of Incentives and Efficient Allocation of Resources", Ibid., vol. 96, fevereiro 1981, 111-128.

18. *Wall Street Journal*, 2 de agosto de 1983.

19. Ibid., 14 de fevereiro de 1971.

20. *The Economist*, 2 de abril de 1983, 80.

21. Relatórios do Alto Comissário das Nações Unidas para os Refugiados.

22. *Le Monde*, 17 de outubro de 1978.

23. Quinto Congresso do Partido, março 1982.

24. Verena Stern, "Ein Wahlkamph um die Marktwirtschaft", *Die Welt*, 16 de outubro de 1982.

25. Nairn, 177.

26. Kenneth W. Banta, *Time*, 21 de fevereiro de 1985.

27. Mises, 758.

28. Kwame Nkrumah em seu discurso no Dia do Independência, 5 de março de 1957.

29. *Aftenposten*, 9 de dezembro de 1981.

30. Anders Johansson, *Dagens Nybeter*, 27 de fevereiro de 1982.

31. Swein Wiel Jörgensen, Ökonomisk Rapport, outubro de 1982.

32. *Dagens Nybeter*, 9 de outubro de 1979.

33. FAO: *Production Yearbook*.

parte III

Epígrafe da parte III

Milton Friedman, "Inflation and Unemployment" conferência do prêmio Nobel, Estocolmo, 8 de dezembro de 1976. Ver *Journal of Political Economy*, vol. 85 (junho de 1977), 451-472.

1. Arthur Koestler, *Arrow in the Blue: An Autobiography* (Nova Iorque: The MacMillan Co., 1952), 277 ss.

2. Boileau preferiu, uma vez, chamar um gato de um gato e um esquilo de um esquilo. Neste livro eu prefiro chamar uma depressão de uma depressão, em vez de usar a eufemística palavra recessão. Estou feliz de referir-me a George Stigler — Prêmio Nobel em 1982 — que, em um jornal econômico sueco (*Veckans affärer*, 9 de dezembro de 1982) preferiu chamar a situação econômica americana em 1982 de uma depressão, rejeitando, assim, a idéia de que essa palavra devesse ser reservada exclusivamente para os tristes anos da década de 1930.

3. Mises, 295-296.

4. Israel M. Kirzner, *Perception, Opportunity, and Profit* (Chicago, University of Chicago Press, 1980), 235.

5. *Svenska Dagbladet*, 11 de agosto de 1983.

Índice Onomástico